どんな時代でも生き抜く自己確立の方法

岩井貴生 著

東宣出版

はじめに

本書は元々、保護者が子どもと真摯に向き合うためにどうしたらいいかといった内容にしようと書きはじめた本でした。原稿をすべて書き上げ、校正に執りかかろうとしていた時に、東日本大震災が起きました。私の大学研究室は七階にあり、地震が起こった時はその場に立っていることすらもできなく、ましてや歩いて避難するなど到底できないほどの大きな揺れに見舞われました。結局、地震後二日経ってようやく帰宅することができました。

その後大学の研究室に戻って、床に散乱した本や割れたガラスなどを片づけていた時に、私は何とも言えない虚無感に襲われました。その虚無感は、学問で生計を立てているにもかかわらず、自分の研究がどれだけ社会性と応用性があるのだろうか、といった素朴な疑問から来るものでした。

こうして自分自身に問うちに、自分の専門性から一旦離れ、厳しい現代に生きている人々のため、そして社会のためになるようなことを少しでも書き残しておきたいという思いに駆られました。そこで子育ての本として書き上げた内容を大きく修正し加筆したものが、本書『どんな時代でも生き抜く自己確立の方法』です。

真の自己を確立するためには、何があっても諦めない強い自己、問題解決力が備わった自己、他者とのコミュニケーション力が長けている自己、他者を重んじる優しい自己が必要だと考え、本書を①自己の確立、②コミュニケーション力、③問題解決力、④共生力の四つの視点から構成しました。

ところで、「専門バカ」という言葉があります。この言葉は、専門的な分野では知識をそれなりに究めているにもかかわらず、一般常識を含めた教養が欠けていることをアイロニックに表現した用語です。今の多くの大学教員や研究者に当てはまる言葉ではないでしょうか。

英語で「教養」のことを「リベラルアーツ」と言います。その語源は「社会の規律や権威にとらわれない自由な（リベラル）技巧（アーツ）」であり、「専門に偏らない広範囲の知識」のことを意味します。この意味からわかるようにリベラルアーツの欠如はものの見方に偏りを生じさせ、ものごとの全体像を把握することを困難にします。

本来、知を究めるべき大学教員や研究者のなかで「リベラルアーツ」の視点を忘れずに、自分の専門と社会全体との関係をしっかりととらえている人が果たしてどれだけいるでしょうか。「無知とは、物事をよく知っていると思っているもののかかる病気である」というオルテガの言葉は、まさに「専門バカ」という言葉に代表される知識人のものごとへの狭い理解力に対して向けられているように思います。

ものごとの全体像を捉えることができない知識では、社会での出来事、現象、事象などを評したり分析することはできません。できたとしても、それは「専門バカ」の一側面から見たたった一つの視点ですから、全体を包括した正しい分析や判断ではありませんし、その専門的な一つのことを全体の中で意味づけすることもできません。つまり、社会という大きなシステムのなかでどのように自分の専門が位置づけられるかということがわからないと、「何のため」の専門性かという根本的な存在目的が失われ、「専門」自体が無意味なものと化してしまいます。

多々ある専門性を社会全体の中で結びつけ、全体として機能させていくことができる思考がリベラルアーツ的な考え方です。「リベラルアーツ」という概念から自分を見つめると、いろいろと大切なことが見えてきます。たとえば、リベラルアーツの視点は、混沌としたこの現代社会で「何のために生きているのか」と自問自答を繰り返す我々にとって、社会全体の中での自分の役割と存在意義を見出すことができる智慧を授けてくれます。

そういう意味でも本書では、幅広い知識（リベラルアーツ）を自分の興味のある範囲で可能な限り採り入れ、どんな時代でも生き抜くことができる「生きる力」を備えた〈こころ〉構えを論じてみました。本書のなかの一行でも皆さんのためになれば、うれしい限りです。

もくじ

3 問題解決力――97

1　自己の確立

一　虚無主義からの転換

人生に生きがいを見いだせない人の究極の選択が、「自ら生命を断つ」という自殺行為です。その心理の根底には、「自分は自らの意志によって生まれてきたのではない」「このまま生きていても意味がない」「何のために生きているかわからない」といった虚無的精神が存在します。

生命を自ら断つことは、苦しみから逃れる最終的かつ唯一の解決方法として、尊重すべきだと考える人もいます。しかし自殺する本人の知らないところで、家族や知人は精神的苦痛と悲しみを感じ、時によっては自殺による二次被害が原因で身内に経済的負担まで強いる場合もありますから、生命を自ら断つことは他人に迷惑をかける行為であることには変わりありません。

自分に嬉しいことがあれば、一緒に喜んでくれる人がきっといます。自分が悲しい時、一緒に悲しんでくれる人も必ずどこかにいるはずです。

また自分一人で生きていると自負する人もいるかもしれませんが、決してそうではありません。誰であっても多くの人々と関わりながら今まで生きてきています。

このように考えると生命とは自分の単なる所有物ではなく、他人との社会関係によって成り立っていることがわかります。ですから自ら生命を断つことは、他人を傷つける、他人の利を損なうことでもあるのです。

「自分なんて生きていても意味がない」といった虚無主義的思考が、「そうだとしても、何とかして生きる意味を見出して生き続けなければならない」といった方向に虚無感を超越し生命の肯定に繋がれば、虚無主義もそれなりに価値があると言えるでしょう。

昨今ブームとなったニーチェは、まさにこうしたことを説いています。「強い自分であれ」ということを論じたニーチェの教えには、生きる希望と指針を失った時、どのように生きていけばよいか、厳しい今の社会状況を生き抜くためにどうすればいいかといったヒントを垣間見ることができます。例えばニーチェの著書『ツァラトゥストラはこう言った』は、「悩みや苦しみをどのように克服して生きていくか」ということを教えてくれます。

ニーチェの答えはシンプルです。時代によって左右される価値や目的などはさほど重要ではなく、むしろどんな時代でも生き抜く精神力と創造力が大切であり、自分の在り方を自分の責任のもとで自分自身で決めることのできる「強い個」であるべきだ、とニーチェは主張しました。

ニーチェの教えを学ぶ際のキーワードは、「ルサンチマン」「ニヒリズム」などがあります。人間は大なり小なり「ルサンチマン」（妬み、恨み、自己嫌悪）の感情を心に持っています。「なぜ自分だけが幸せになれないのか」といった感情（ルサンチマン）は、自分を卑屈に感じ、不幸になっていく原因となります。

また、「ニヒリズム」は、「何が大切かわからない、何をしてもだめ」といった投げやりな態度（虚無主義）を誘発します。受験に失敗した時、仕事が上手くいかなかった時、友達とケンカをした時など、誰もがニヒリズムに陥った経験はあると思います。

誰かや何かのせいにして自分の憤りをぶつけるといった行為は、ルサンチマンの

一つの表現方法と言えるでしょう。憤りを発散することは、自分ではどうにもならない無力感から起きるストレスが自己内で抱えきれなくなった結果です。

しかしモノを破壊したり人にあたる暴力行為は、まわりの人々を傷つけ、自分の心に罪悪感を生み、生きる力の源であるポジティブな活力を奪い取ってしまいますから、良いストレス解消方法とは言えません。

否定的にしか考えることができない人は、ニヒリズム（虚無主義）に陥ってしまいます。しかし否定的な感情はプラスへの転換機縁とするほうが得策です。ニーチェは、どん底の世界にあってこそ本当の自分の姿を自覚することができると考えました。そして、自分が苦悩や否定的な感情に屈することのない人間になることを重視しました。これは、とても前向きな発想の転換です。このように、心の持ち方次第で最悪の状況をプラスに考えることができるのも、「こころ」の特徴の一つです。

精神的に弱い性格の持ち主であっても、弱い自分を自覚することによって、強い人間に生まれ変わる第一歩を踏み出すことができます。精神的に落ち込んだ時こそ再起するチャンスであり、またどん底からのV字回復へとつなげる転換期なのです。

辛い経験は、決して無駄にはなりません。もし辛い経験をしたときには、ニーチェの説く「強い個」（超人）であることの大切さと、苦しみを乗り越えた先には必ず幸せな時間が待っていることを考えてみてください。きっと虚無的に考えるネガティブ思考からポジティブ思考への転換が起こるはずです。

生きることには選択の自由が内在していますが、その選択の結果が生きる自信や喜びにつながるものでなければ、人間は単なる虚無主義の奴隷です。厳しい世の中では、どんなに努力してもその努力がいとも簡単に否定されることはよくあることです。しかし、その否定が将来の発展や肯定を含む否定であれば、その否定行為そのものに「生きがい」を見出すことができるはずです。これこそが不撓不屈《ふとうふくつ》の精神であり、自己を確立していくうえでとても重要なメンタリティとなるのです。

二　心の在り方

誰でも傷ついたことはあると思います。他人に傷つけられると、その人を恨んだり拒絶しようとするのは人間の性《さが》です。場合によっては、自分を傷つけた人の不幸や不運を願うことすらあるかもしれません。このように思うのは、悪いことをした人は罰せられるべきだという考えが頭のどこかにあるからです。

しかし人を恨んだり憎むことは、心に〈負〉のエネルギーを生み、精神を消耗させます。他人を憎むことは精神的だけでなく、身体的にも負担がかかり何一つ良い結果をもたらさないばかりか、他人の不幸を願う心の病をますます増長させてしまいます。

相手が傷つくことを願う自分の顔を鏡に映してみると、きっと怖い顔をしているはずです。しゃべり方も威圧的になっていることでしょう。そういう人には誰も近づきたくありません。誰からも慕われずに愛されない人は、さらに自己嫌悪に陥り、結果的に自分を傷つけてしまうような人間になってしまいます。

ではそうならないためにはどうすればよいのでしょうか。答えは簡単です。憎悪の心を捨て去ればよいのです。傷ついた自分の心を癒す良薬は、相手を憎むのではなく許すことです。許すことは相手のためでなく、自分の幸せを取り戻すためです。恨みや怒りに支配されている心を捨てることを、「放下著《ほうげじゃく》」といいます。この言葉は字のごとく「放り捨てる」ことを表しています。「著」は強調を示す「！」といった意味ですから、「思いっきり投げ捨てる」といったニュアンスでとらえていただければ良いでしょう。

何事にもとらわれず心を常に無垢の状態にしておくことは、ストレスだらけの世の中で生きていくための大切な智慧です。平穏無事な心の状態を保ち続けることは、難しいことかもしれません。

しかし「できる・できない」は自分の心次第です。恨み、つらみ、不平不満を持ったネガティブな心を「放下著」し、純粋で無垢な心を獲得するためは、以下の三つの実践からはじめてみてください。

・毎日、一回は心を静かに落ち着かせ、身体・呼吸・心を調える。
・いのちの尊さを再認識し、自分と同じくらいに他人のことを大切に考える。
・生かされていることに感謝して、利他の行為を実践する。

『法句経』に「己こそ己の寄る辺　己をおきて誰に拠る辺ぞ　良く調えし己にこそ真得がたき寄る辺をぞ得ん」という一節があります。最初の部分の意味は、「自分だけが最後の拠り所であり、自分以外の誰を頼ることができようか」となります。そして後半では「その頼れる自分とはどういう

自分なのか」ということに対して「よく調えし己」こそが、本当の拠り所であると述べられています。「良く調えられた自己」とは、弱い自分へと導く心を「放下著」して上記の三つを実践できる自己のことです。こうして自己が調えられていけば、きっとポジティブな毎日を過ごすことができるに違いありません。

三　心のコントロール

よく力強い墨字で「心」と書かれた色紙を所々で見かけます。「心」という字から連想するのは、「清楚、純粋、健全、確固たる精神状態」といったイメージです。しかし、「心」には、もう一つの側面があります。それは「マイナス思考、怠惰、虚無」といった負のエネルギーの源となる側面です。こちらの「心」は、人を問題行動へと導きます。

「心」は感情次第で、人を憂鬱にしたり、幸せにしたりする勝手気ままに振る舞う「魔物」です。例えば自分に嫌なことが起こると、「なんで自分だけこんな思いをするのか」「自分と比べると、あの人はいいな」と自分自身を卑下します。気分が落ち込んでいる時の心理状態は、自分に自信を持てないばかりでなく、自分の可能性まで過小評価してしまい、心はどんどん落ち込んでいき、ますますマイナス思考になってしまいます。そういう時は、「心」が「自分の主」となってしまっています。しかし本来、「心」が「自分の主」ではなく、「自分」が「心の主」でなければなりません。

「自分」が「心の主」になるためには、心にも「忍耐」を覚えさせる必要があります。「自分」が「心の主」となって不安定な心をコントロールできれば、嫌なことがあっても平常心を保つことができます。例えば「不幸な出来事は、それを乗り越えられる人にしかやって来ない」「この難局を乗り越えれば、

精神的に強くなれる」「この逆境を次のチャンスに活かそう」「この不幸な出来事から何か学ぼう」といったように、とにかくポジティブな心構えが大切です。

実際に起きてしまったことをどんなに悔やんでも過去には戻れません。むしろ「これからどうすればよいか」という未来にエネルギーを費やしたほうが得策です。みなさんが心惹かれる人、尊敬する人を思い浮かべてみてください。そういう人たちは共通して、心が穏やかで、明るく、前向きで、過去にこだわらない、人に優しい、エネルギッシュな心の持ち主だと思います。

心の赴くままに感情を支配されて、自分勝手な態度をとることは決して良いとは言えません。「心」があなたの「主」ではなく、あなたが「心の主」です。心を常にコントロールして冷静にそしてポジティブにしていれば、きっと今まで卑屈に見ていた視野が改善され、世の中が違って見えるはずです。

四　知足の心

あなたは幸せですか。この質問に答えるためには、「幸せとは何か」という明確な定義が必要になります。例えば、自分が他人と比べて恵まれていると思ったり、身心の欲望が満たされた時、人は「幸せ」を感じます。

この場合の「幸せ」は、自分を取り囲む環境や外的要因に依存しています。仮に「幸せ」を実感しても環境やステータスが変わると、「幸せ感」はすぐに失われます。

つまり「仕事の充実」「対人関係」「お金」などに依存して幸せを感じている人は、常に外的要因に自分の「幸せ度」が左右されてしまうということです。こういうタイプの人は、事あるたびに一喜一憂し、心は常に不安定な状態です。

また、外的要因に「幸せ」を見出す場合、、一つの欲望が叶えられるとすぐに次の新たな欲望が生まれます。ですから、「今以上にもっと幸せになりたい」という欲望が尽きません。

仏教では、こうした心の在り方を「求不得苦《ぐふとっく》」と呼び、「苦しみ」に陥る根源と見なします。この教えに従えば、欲望至上主義である限り、「いつまでも幸せにはなれない」ということになります。

その一方で、今のありのままの自分に満足し、「幸せ」と感じることができる人は、仮に物質的・環境的に恵まれていなくても、心は常に穏やかな状態を保ち、幸せな気持ちで毎日を過ごすことができます。このタイプの人は「もの」への執着心やこだわりがなく、「知足」の人生を送っています。

知足とは「足るを知る」心のことですが、これは「ありのままの自分に満足する」＝「向上心の欠如」ということではありません。向上心は素晴らしいことです。ただ「こうなりたい」といった願望や向上心が実現しないときに不平不満を募らせると、心に葛藤や苦しみが生まれます。

例えば、誰でも「もっと周囲から評価されたい」「もっと良い人と巡り合いたい」「あれもほしい、これもほしい……」と思うことはあるでしょう。これらの願望が叶わなければ、どんどんストレスが溜っていきます。

仮にこれらの願いが現実になったとしても、その時の「幸せ」は一時的なもので長続きしません。すぐに新たな「もっとほしい」という欲望が芽生えます。このように名利や物欲を貪《むさぼ》り、常に心が満たされていない精神状態であれば、無意識のうちにマイナス思考に陥ってしまいます。

ですから、「今」という時を一生懸命に生き、今の自分の状況と環境に感謝して幸せを感じる「知足」の心を持つことが大切です。「他人」や「モノ」といった外的要因に頼らなくても幸せを感じることができるようになれば、いつも心が充実感とプラス思考で満たされるでしょう。

五　自分の欠点と向き合おう

自分の欠点を他人に指摘されると、とても不愉快になります。それは自分が見ないようにしている自分自身の嫌なところを見透かされるからです。

自分の嫌な部分を見ぬふりをして現実逃避するのは、自分を傷つけないようにするための自己防衛本能が働くためでしょう。自分の欠点を受け入れるのは、難しいことです。

しかし自分の欠点を受け入れると、自然に自分自身と向き合えるようになります。自己を客観的に見つめ直すと、今まで自己中心的にしか考えられなかった自分自身に謙虚な心が芽生え、他人に対しても寛容になれます。他人の陰口を言ったり、他人と自分を比べて羨んだりすることもなくなるでしょう。

「欠点を受け入れる」とは、「自分はダメな人間だ」と虚無的になることではありません。むしろ自分の欠点を自覚することは、真の自分の姿を受け入れ、少しでもその欠点を克服していこうと前向きになろうとすることです。

自己の欠点を受け入れることができるようになれば、次は自分が理想とする人間像を思い浮かべて、そのイメージに近づくような生活を送ってみてください。常に自分の理想像を意識して生活していると、実際に自分の理想とする人間になれたと思うようになります。

これは「プラセボ効果」と呼ばれています。「病は気から」という格言を実証したことで有名になった「効果」のことです。患者に薬でないものを薬として服用させたところ、実際に病状が改善されたという実験結果が出ました。

このように、心の持ち方を変えるだけで、人は前向きに人生を送ることができるのです。ですから、夢、憧れ、将来のビジョン、目標を持って、ポジティブな考えで毎日を過ごすことはとても大切です。前向きな人生の第一歩を踏み出すためには、まず自分自身の欠点を見つめ、「自分を変えよう」という意識を持つことからはじめましょう。

例えば、すぐに他人の嫌なところばかりに目がいってしまい、他人の悪口を言う人の場合、なるべく他人の良いところを探すように心がけるだけで、接し方・考え方・生き方が前向きになります。特に仕事場では部下や上司の嫌なところばかりが気になって、不平不満を募らせる人も多いはずです。そういう時は欠点ではなく、なるべくその人の良い所を見つけてあげてみてください。

人の欠点はすぐ目につきます。特に自分が嫌いな人であれば、なおさらです。しかしどんな嫌な人でも、きっとどこかに長所はあるはずです。良いところをなるべく見ようと努めると、今まで苦手だと思っていた人も少しは話しやすくなるのではないでしょうか。

六　毎日を一生懸命生きよう

『臨済録』に「途中に在って家舎を離れず」という言葉がでてきます。これは「人生は永遠に途中であり、また毎日が終点でもある」という意味です。「家舎」とは「自分の家」（心の最も安定する平和な場所）のことです。

人々は毎日家に帰ります。東日本大震災の時、都内では数時間歩いてでも家に帰ろうとする人々も多くいました。それは、家が疲れた身心を癒す場所だからです。家は人が日々の多忙な生活の後に行き着く「終点」（癒される場所）と考えることができます。つまり「途中に在って家舎を離れず」とは、どんな時でも常に平穏無事な心の状態であるべきだということを、私たちに教えてくれる言葉です。

「毎日が途中であって終点である」ということは、一見すると矛盾しているように思えますが、実はこの「矛盾」こそが、人生そのものなのです。周りを見渡してみると、確かに「生と死」「喜と怒」「嬉と悲」「男と女」といった矛盾している要素が一つとなって人生や世の中は構成されています。

　これを西田幾多郎という哲学者は「絶対矛盾的自己同一」という大変難しい言葉で哲学的に論じました。簡単に言えば世の中は矛盾だらけで、その矛盾の状態が本来の世の中の姿だということです。

　人生はいつ終わりが来るかわかりません。明日かもしれないし何十年後かもしれません。人生の幕切れがいつなのかは誰にもわかりませんが、死ぬその瞬間に「やり残したことがある。まだ生きていたい」と後悔する人生であってほしくはありません。

　しかし「やり残したことは何もない。十分に人生を満喫した」と思って逝きたくても、そう簡単にできることではありません。人生の幕は突然下ろされ、人生は途中で終わってしまいます。

　一方、人生の理想はどこまで行っても終点はありません。別言すれば、人間の欲は無尽だということです。人は欲望が一つ叶うとすぐに次の欲望を抱き、永遠に幸福な人生を追いかけ続けますが、一旦理想とする人生をつかめないことが分かると悔やむようになります。そこに苦しみが生まれるのです。

ではどうすれば、人は苦しみから解脱できるのでしょうか。それは「知足」（足るを知る）の精神で毎日感謝して生きるだけでいいのです。難しいことではありません。今日という一日を充実させずして、良い明日が来ることはありません。今日を喜び、感謝することで、人生を満喫することができるのです。

さて、我々は人生を毎日一歩一歩前に進めていますが、足を一歩前に出すときには、片方の足はしっかりと大地を踏みしめているはずです。ところが、多くの人々は足が地についていないというか、両足を上げてしまっている状態で、フワフワした落ち着きのない人生を送っています。

こういう状態では心の安定を欠き、いつ転んでもおかしくないような状況です。そうであれば、我々はいつ転んでもいいように心の準備（覚悟）を常にしておかなければなりません。

人生は必ず思い通り、計画通りにはなりません。それ故に何が起こってもいいように、肚《はら》を据えて覚悟を決めて、毎日の生活を送っていくことが重要なのです。

七　自分の身体を労《いたわ》ろう

現代人は、とにかく忙し過ぎます。忙しくて疲労がピークに達し、身体が悲鳴をあげているにもかかわらず、自分の身体を労《いたわ》らない人も多いのではないでしょうか。なかには、どれだけ自分が忙しくて疲れているかということで格好よさが決まると思い込み、さらに身体を酷使する人もいるようです。

疲労困憊している自分の身体を客観的に見ることができないのは、自分の身体の存在自体に「有り難さ」を感じていないからです。私たちは、身体の何気ない機能やその存在に無自覚で毎日を過ごしています。一旦病気になって身体に痛みを感じて、はじめてその身体の存在に気がつくといった始末です。

自覚症状が出てきてから身体を労るのではなく、やはり常日頃から自分の身体を大切にしてあげるべきです。何気ない毎日を過ごすことができるのも、身体や内臓器官が正常にきちんと機能してくれるからです。

毎日の生活を無事に過ごすことを可能にしてくれる身体とは、とても「有り難い」ものなのです。だからこそ、例えばお風呂に入って身体を洗う時には、足や手などに「今日一日頑張って動いてくれてありがとう」と感謝の気持ちを込めて、一日の疲れと汚れを洗い流してあげることはとても大事なことです。馬鹿らしく聞こえるかもしれませんが、身体を客観的に見ることで自分自身を大切にするようになります。

自分自身でさえ大切にできない人は、他人を大切にすることはできま

せん。最近はストレスの解消方法として自傷行為をしたりするケースが増えています。しかし、自分自身を大切にすることを学んでいれば、自分を傷つけるような行為に及ぶことは決してないはずです。もちろん、そのストレスにいち早く気がついてあげることができるのは自分しかいません。

多忙を極める現代人の心には「休むことはいけないこと」という思いが頭のどこかにあります。また、なかには休むことは怠けることと思い込んで、限界を越えてまで頑張ろうとする人もいるでしょう。

身心が悲鳴をあげている時、身心を休ませ無理をさせないように気を配ることは、自分以外他の誰もできないことです。時には身心をゆっくり休ませ、疲れ切った自分自身を労ってあげてください。

八　身心ケアの大切さ

誰もが毎日を精一杯生きています。頑張っていると自負する人も、頑張っていないように見える人も、皆それぞれ自分の人生を悩み考えて、真剣に毎日を過ごしています。

誰一人として手を抜いて人生を送っている人はいません。それ故に、身心が疲れて何もかも嫌になることも時にはあるでしょう。そういう時こそ、心と身体をケアすることが大切です。

休むことに罪悪感を抱く人も多いと思いますが、決してそんなことはありません。「休む」ことは、再び活力を取り戻し、生産性を今以上に高めるために重要な行為です。身心が疲れきっているならば、ゆっくりと休んで身心のリフレッシュに努めるべきです。休むことは決して怠けることとは違います。

気分が落ち込んでいる時は、ため息も多くなって呼吸が早くなります。一方、楽しい時はとてもゆっくりと深い呼吸をしています。このように感情によって人間の呼吸のスピードは変化します。ということは、気持ちが苛立っているときは、意識的に深くゆっくりとした腹式呼吸をすることによって、気持ちが落ち着き楽になります。

また、散歩やジョギングといった運動をすることによって、心にあるモヤモヤ感が解消されます。それは脳に酸素が供給され、運動によって増加するセロトニン、ノルエピネフリン、エンドルフィンといった体内の化学物質が、不安な精神状態を和らげるからです。このように心は身体と常に連携し合って反応します。

では、身体はどのようにメンテナンスすれば良いのでしょうか。最も簡単な方法は、適度な運動と毎日摂取する食べ物に気をつけることが手っ取り早い解決方法です。

身体に良い物質は、食べ物から摂取が可能です。例えば、不安な心の状態を和らげる効果がある「セロトニン」を増やす食べ物として、豆腐、納豆、牛乳、ヨーグルト、くるみ、ごま、卵、バナナなどがあります。チョコレートもセロトニンのア

ップの効果があります。太陽の光はセロトニン神経を活性化するので、朝は早く起きて太陽の光を浴びるのもよいでしょう。

また「セロトニン」と同じ精神の健康を維持する効果がある「エンドルフィン」を分泌させるには、主に良質なたんぱく質が必要とされています。良質なタンパク質は、納豆や豆腐、豆乳や青魚に多く含まれています。これは食べ物だけでなくプラス思考や成功したときの満足感などの心の安定によっても多く分泌されると言われています。

アミノ酸の一種であるギャバは、リラックスを促すα波の脳波を出し、癒しの効果がある物質で、発芽玄米や野菜、果物、そして漬物などの発酵食品などに多く含まれています。

ところで、人間の細胞は常に生まれ変わっており、四半期ごとに体内のほとんどの細胞が新しくなると言われています。運動には細胞の成長を促す役目があり、運動することによって呼吸から自然の「気」を取り込むこともできます。そして、良質な「気」が体内に充満すると、新しい細胞が活発化してエネルギーが漲るようになります。

以前何かの雑誌で「夜は十時に眠るのが最も良い」といった記事を読んだことがあります。調べてみると、人間の細胞は夜十時から午前二時までの間が最もリカバーする時間帯であることがわかりました。

自分の身心のメンテナンスと回復は、他人任せというわけにはいきません。自分の身心の状態を常に観察して、身心に疲れがみえれば栄養管理や運動を意識的に行い、身心のケアとメンテナンスの促進に努めましょう。

九　成長とスランプ

努力することは大切です。努力なくして成功はありません。報われるならば、努力も惜しくありません。しかし、なかには努力が必ずしも報われない人もいます。では、「努力は必ず報われる」という言葉は、成功した人にだけ当てはまるものなのでしょうか。それでは努力が報われない人にとって、努力するモチベーションは上がりません。努力が報われないと思う人は、努力が結果につながらず、成長の限界を感じているはずです。努力が良い結果につながらないのは、なぜでしょうか。

努力が成功に直結する人は、努力を更に重ねて、今以上の成功を掴もうとします。ここには努力が成功を生み、その成功がより大きなモチベーションとなって、ますます努力をすることで更なる成功を手にするといった良いパターンができ上がっています。

「努力→成功→更なる努力→更なる成功」といったようにプラスに回転していく

一方、そのループを止める制約要因が出てくる時があります。そうなると成長が鈍化し結果が目に見えにくくなり、努力が報われないような思いに駆られます。

成長の鈍化には、はじめの頃はなかなか気がつきません。例えば、近所に腕利きの歯医者さんが開業したとします。近所の交通量の多い交差点に新しく看板を出して「痛くない治療」というクチコミが広がると、患者数が増えます。しかし、一日で診療できる患者数の限界を超えると、外来の待ち時間が長くなり、歯医者さんも忙しくなったせいで治療が荒くなり、患者へのサービスや治療技術が雑になります。結果として歯医者がどんなに努力して多くの患者を診療しても、患者の不満はなくなることはなく、ひいては悪いクチコミが広がり、最終的に患者数が低下していくことになります。

子どもの勉強についても同じです。「勉強時間を増やす↓成績が上がる↓塾に行く↓更に成績が上がる↓更に勉強時間を増やす」といったように成績が上がっていく過程で、知らない間に疲れやストレスがたまる制約要因が生まれると、「学校や塾を欠席するようになる↓成績が下がる↓勉強が嫌になり勉強時間が少なくなる↓

成績が更に下がる」といった成長の限界が表れます。

このように一旦制約要因が生まれると、成長効果は望めません。それはあたかも自転車のブレーキをかけながら坂道をペダルをこいで上っていくようなものです。

ですから成功パターンを確立したら、今後どのような制約要因が発生するか、マイナス要因が出たらどのように対処するかということを、前以て考えてリスクヘッジをしておくことが大切です。急激な成長はかえって制約要因を生むことにつながるので、ゆっくりとした成長と制約要因の予測をしっかりしておくことが無難です。

十　成功率三割の生き方

プロ野球選手のバッターは三割打てば「一流」、三割五分も打てば「超一流」です。しかし打率三割とは、十回のうち七回は失敗に終わるわけですから、トップレベルのプロ選手といえども、ほとんどが失敗の連続です。

「成功率三割」という世界はプロ野球界だけではなく、私達が生きる社会でも同じことが言えます。例えばビジネス界について考えてみましょう。用意周到なマーケティングをして、「必ず売れる」といった強い確信と自信を持っていざ商品を販売しても、すべてが成功に結びつくわけではありません。

今のような不況の時代では、商談がすんなりと成立することはありません。先日、保険の営業をしている知人と話すチャンスがありました。彼曰く、営業の世界でも営業数の三割契約ができたら大成功だそうです。

このように、どの世界でも成功の確率は良くて三〇％のようです。もちろんこれは、あくまで自分の持っている実力を一〇〇%出しきった場合です。もし自分の実力が五〇%しか出せなかったら成功率は一五%になってしまいます。ですから「良くて成功率三割」というのは、自分の実力を一〇〇%出し切り、失敗に終わってもチャレンジを続けることが前提であることは言うまでもありません。

三割の成功率とは、数多くのチャレンジから数少ないチャンスをモノにした成功体験の積み上げの表れです。自信を持って自分で判断したことが失敗に終わったり、予期と全く別の結果となってしまうことは日常茶飯事です。だからこそ、成功率を向上させるためには、とにかくチャレンジ回数を増やすことが重要です。一回の失敗でめげてしまっては、成功を手にすることはできません。

何かに失敗して落ち込んでいる時は、「成功率三割」を思い出してください。特にプレッシャーに押し潰されそうな状態の時は、「失敗してもいいんだ」という気持ちがあると、心に余裕が出ます。「ダメで元々」と考えてチャレンジを続けると、自然と成功が積み上がってくるはずです。ネバーギブアップの精神で、チャレンジを続けましょう。

十一　過去を振り切る思考術

前向きな人生を送っている人は、不平不満を口に出しません。なぜなら「負」のエネルギーの源となる不平不満は、決して良い影響を身心にもたらさないことを知っているからです。

不平不満を言う人に限って、自分の失敗を他人のせいにする傾向があります。自分の失敗を認めず他人のせいにすれば、精神的に楽になります。「子どものせい」「親のせい」「妻のせい」「夫のせい」「家庭のせい」「会社のせい」「上司のせい」「部下のせい」「国のせい」「お金のせい」等々、自分の立場を正当化するには、逃げる先はいくらでもあります。

しかし、自己責任を自覚・反省せずに責任転嫁しても、そこから得られるプラス要素は何もありません。プラス思考の人は、起きてしまった問題を「どのように解決するか」という視点に意識を向けます。問題が起きたときには、その問題から学んだ教訓を次の機会に活かすことができれば、どんな嫌なことでも「人生の教科書」となるはずです。

自分の思い通りに物事が運ばない時の精神状態は、常にイライラして心に余裕がありません。さらに、苛立つ心は身体にまで影響を及ぼします。呼吸はいつもより早くなり、肩に力が入るようになります。肩に力が入ってしまうと、身体がいつも硬直した状態になり、気持ちまで張り詰めてしまいます。

もし肩に力が入るのであれば、姿勢を伸ばし胸筋を広げ、意識的に地

面方向に向かって肩をおとしてゆっくり大きく深呼吸すると、少しは心が穏やかになるでしょう。これを「調息・調身」と言います。文字通り、呼吸と身体を調えるという意味です。調息・調身を行う時、自分が嫌な状況に陥った経緯をゆっくり思い出し、自分に落ち度がなかったか、また自分の言動に問題はなかったかということを客観的に省みてみましょう。これを「調心」と呼びます。

調息・調身・調心ができるようになれば、「問題を回避するにはどうすればよかったか」ということを自分なりに考え、次の事態に備えて同じことが起こらないように「我慢する」「注意を払う」「他人の話に耳を傾ける」といったことができるようになります。

人生は良いことばかりではありません。時には挫折したり、何をやってもうまくいかないこともあるでしょう。自分が傷つくこともあれば、他人を傷つけることもあるはずです。そうした時には、他人を責めたり後悔の念を抱いても、事態が変わるわけではありません。

起こってしまったことにとらわれるとポジティブ思考ができなくなり、不幸感にどっぷりと浸ってしまいます。そうなると不幸な自分が当たり前と考えるようになります。マイナス思考を一掃するためには、過去の出来事によって作り上げられた自分像に縛られるのではなく、未来に目を向けて問題をどのように解決するかということに着目することが大切です。

まずは、「でも」「だって」といった否定形の言葉を使わないようにすることからはじめてはどうでしょうか。そうすれば否定的な言葉は日常生活からなくなり、今までよりもポジティブになれるはずです。

十二　プラス思考のすすめ

毎日の生活は、ストレスの連続です。誰一人として例外なく、多くの悩み事を抱えて生きています。仕事、子育て、家庭、友達、お金など、どれをとっても満足している人はいないでしょう。ストレスが多くなれば、それだけ「幸せ度」が低いということになります。つまりストレスを減らせば、「不幸」から脱することができるということです。

なかには好きなものを好きなだけ買ったり食べたりすることが、幸せを手に入れることであると考える人もいますが、物質的な満足感だけでは決して人の心は満たされません。最近の調査によれば、「物質的な豊かさ」と「幸せを感じること」は、必ずしも比例しないということがわかってきています。いかに「心」を穏やかに保ち、何が起こっても動じない平常心でいられるか、そしてどんなにマイナスなことが起こってもポジティブでいられるかといった心の平静さの方が、幸せになるためには重要なのです。

「あの人はのん気でいい」「落ち込んだことがない人がうらやましい」と、他人を見て思ったことはありませんか。しかし、そう思われている人は、自分自身の心を意識的にコントロールして、常にプラス思考でいられるように努力しているはずです。

心を平穏無事な状態にするために、以下を実行してみてください。

・嫌なことが起こっても気にしない
・プラス思考で考える
・感謝の気持ちを忘れない
・自分の力ではどうにもできない自然の力の存在を感じる
・毎日、目標を立てて生活する
・自分によい影響を与えてくれる人を探す

これらのことは、言われてみれば当たり前のことばかりです。しかし子どもでもわかることが、大人にはなかなか実践できません。自分が話す言葉が「後ろ向き」「否定的」でないか、「これを言えば、周りの人々にいい影響を与えるだろうか、やる気になってくれるだろうか」といったことを常に自己チェックしてみてください。

プラス思考は自分だけでなく、他人へも良い影響を与えます。人には必ず最低一人ぐらいは尊敬できる人、真似したい人がいるはずです。それは脳にある「ミラーニューロン」という神経細胞の仕業で、この細胞は「一緒にいる人の感情や心の在り方が自分に映しだされ、その人と同じような感情になる」機能の効用があるからです。

もらい泣きや、楽しい人と一緒にいるとこちらまで楽しい気持ちになれるのもミラーニューロンの仕業です。昔から「うれしいことは、みんなに伝えましょう」と言われる所以は、まさに「ミラーニューロン」の効果を狙ったものと考えることができます。

毎日の生活の中で辛いことや悲しいことは常に起こります。しかしそういう時こそ、なるべくポジティブ思考で前向きな生き方を実践しましょう。前向きな生き方は「ミラーニューロン」の効果を高め、他人にも良い影響力を与えます。プラス思考には自分だけでなく他者も幸せにするといった相乗効果があるのです。

十三　自己確立の八つのポイント

精神分析学者のエリクソンによれば、人間には人生の過程で身につけるべきことが八つあるそうです。この八つの課題を年齢ごとに修得していけば、歳を重ねるごとに自己が確立されます。その八つの課題は以下の通りです。

①　乳児期（〇～一歳）には、「基本的信頼感」を学びます。乳児期に何の不安もなく安心して過ごすことができれば、世の中や身の周りの人に対して信頼感が高まります。もしこの時期に、信頼感を持つことができなければ、〇～一歳にして早くも、人を信じることが難しくなるようです。

②　幼児前期（一～三歳）では、「自律性」を学びます。この時期には自分の意思が芽生え、その意思によって行動しようとします。それを保護者が極端に

制御しようとすると、疑いや恥を感じるようになります。

③　幼児後期（三～六歳）は、「自主性」を学ぶ期間です。何か問題が起きれば、自分で解決しようといろいろと考えるようになります。トライ＆エラーを繰り返し、もし失敗が多く重なると罪悪感を抱くようになります。

④　児童期（六～十二歳）には、「勤勉性」を学びます。小学校に通いはじめ、勉強や活動を通して成功体験を積み、勤勉性の重要性を知る時期です。この時期に成功体験が少ないと、劣等感が芽生えます。

⑤　青年期（十二～二十歳代前半）は、「自我同一性」を自覚する時期です。将来のことなどを考えはじめる頃で、自分とは何かといった実存的課題を自問自答しながら、自分らしさを確立していく時期です。ここで或る程度自分を納得させる答えが出ない場合、「同一性拡散」といった不安や恐怖感を持つ

ようになり、それがいろいろな問題行動となって表れます。

⑥成人前期（二十歳代後半～三十歳代前半）では、親密性を学びます。仕事や知り合いなどを通じて社会的人間関係において親密感を向上させていきます。もし社会的つながりが乏しくなると、自分は孤独であるといった虚無感が心に蓄積されます。

⑦成人後期（三十歳代後半～六十歳代前半）は、「生殖性」を獲得する時期です。この時期は、子育てや会社などでの人材育成を通して自分が指導的立場になり、自分の後に続くものを育てる意欲が芽生えます。もし子育てや社会的指導者の立場を経験しなかったり失敗したりすると、人生の停滞感を痛感してしまうのもこの時期です。

⑧成熟期（六十歳代後半以降）では、「自我の統一」が行われます。人生の後

半を迎えて自分の人生を振り返り、自分の一生がどれだけ充実していたかということを再考する時期です。もし後悔ばかりの人生だったり、今後も不安要素が多々あると、絶望感が募ります。

さて、みなさんはどこかの時期に修得し忘れているところはありませんでしたか。もしそうであっても大丈夫です。何歳になってもやり直せばいいのです。例えば、児童期に勤勉性を得ずに保護者になったのであれば、お子さんが学校の勉強をしている時、一緒に自分の興味のあることを学んでみてはどうでしょうか。

人は生涯に渡って、何か学びたいことがでてきます。何歳になっても何かを学ぼうとする意志があるのは、人間の本能です。そして学べば学ぶほど（知識が増えれば増えるほど）、自分が無知であることを自覚するようになり、更に学ぶ意欲が生まれます。学びに終わりはありません。

自己を確立するには、学ぶことなくしては成立しません。今の自分をチェックする意味でも、この八つの自己確立のためのポイントを自分の人生に当てはめて考えてみてください。そうすれば、自分に欠けているところを再確認でき、さらなる自己の成長につなげることができるようになるはずです。

十四　噂話に一喜一憂しない

私たちは、何かと他人の噂話を好む傾向にあります。その多くが根拠のない否定的な内容の話です。なぜ人は噂話を好むのでしょうか。それは、他人の不幸を基準にして他人より自分のほうが幸せであるという安心感を得る心理的作用が無意識のうちに働くからです。しかし他人の誹謗中傷や不幸を好むことは、自分にとって何一つプラスにはなりません。

ところで、今川義元が尊敬していたとされる高僧の大休宗休（一四六八―一五四九）は、ある時人々が噂話をしているところに出会《しゅっかい》して、次のように諭したと言われています。

Aさんが Bさんを褒めるのを聞くと

宗休「その人はもう死んだのか」

A「まだ生きています」
宗休「褒めるのは早い。今後なにか大きなミスをするかもしれん」

Cさんが D さんの悪口を言っているのを聞くと
宗休「その人はもう死んだのか」
C「まだ生きています」
宗休「謗《そし》ってはならぬ。その人は今後何か良いことをするかもしれん。人の善悪など死んでみないとわからん」

この逸話は、私達に「自分は他人を評価するほど人間として立派なのか」ということを問いかけているように思います。もし自分の物差しが一〇センチであれば、三〇センチのものを測ることができないように、私たちが他人を見るときは、その人の一部しか見えていないのですから、安易にあれこれと他人を評価するのはあまり良いことではありません。

　また、人によっては他人の噂話や評価を必要以上に意識してしまうこともあるでしょう。これも気疲れしてしまう原因になります。他人の噂話や評価に一喜一憂する理由は、自分の心が不安定で自信がない状態だからです。世の中のすべての人から好かれることはありません。なぜなら、皆から好かれる人を嫌う他者が必ずいるからです。

『法句経』には、「沈黙する人も非難され、多く語る人も非難され、少し語る者も非難される。しかし、ただ誇られるだけの人、褒められるだけの人は、過去にも現在にも未来にもいない」といった話があります。このように、人の噂話や評価ほど不正確なものはあり

ません。ですから、そのようないい加減なものに一喜一憂する必要はないのです。「人に迷惑をかけない」ことを前提として、他人の目を意識せずに、自分の生き方に自信をもって毎日を生活することを心がけてみてください。きっと、少しは精神的に楽な毎日を送ることができるはずです。

自分の生き方に自信を持つためには、毎日やるべきことを明日に延ばさずにきちんとその日のうちにやり遂げることが重要です。何か特別なことをする必要はありません。

毎日を平常心で淡々とこなしていくことの積み重ねが、充実した毎日へとつながっていきます。こうした生き方を「自己確立」と言うのです。

2　コミュニケーション力

一　苦手な人とうまく付き合うには

自分と相性の悪い人は、必ず一人や二人いるものです。やたらと自分の意見に反対されたり、こちらは全く身に覚えがないのに相手から目の敵にされた経験がある人もいるでしょう。他人から嫌なことを言われた後は、そのことが頭からなかなか離れず、繰り返し悩んでしまいます。

誰でも嫌いな人となるべく関わりを持ちたくありませんが、社会の一員である以上、嫌な人とも付き合っていかなければならない時のほうが多いのも事実です。そのような時は、どうすればよいでしょうか。

例えば完全にビジネス的な関係と割り切って用事のやり取りだけを淡々と済ませるのも一つの手です。こちらから一線を引いてあまり深い話や個人的な話をしない方法は、どちらかと言えば消極的な解決方法です。

一方、嫌な相手でも穏やかな態度で接するといった積極的な解決方法もあります。どんなに嫌な相手でも誠意をもって接すれば、相手の態度に変化が起こるかもしれません。こういった効果は「ミラーニューロン効果」と呼ばれていて、脳科学でも明らかになっています。

どちらの方法が正しいということではありません。時と場合によって使い分けてうまくコミュニケーションをとることが大切です。ただ単に相手の態度に腹を立て、感情にまかせてレスポンスすることだけは避けたほうが賢明です。常に平常心でいることは難しいですが、自分の精神的安定のためにも可能な限り心を穏やかにするほうが良いでしょう。

これは我慢することではありません。我慢はいつか限界に達します。我慢は長続きしません。我慢するとストレスが溜まります。平常心でいるということは「我慢」ではなく、むしろ「気に止めない」「流す」ことのできる強い精神を持つということです。

もし今何か嫌な思いを抱えているなら、その思いにとらわれないように自分の脳を趣味や外出などを利用して、全く違う方向に向かわせてみてはどうでしょうか。

二　視点を変えてみよう

私たちは社会の一員である以上、他者と関わらずに自分一人で生きていくことはできません。そのため人は他者と関係性を維持するにあたって、何らかのコミュニケーションを用います。

ひきこもる人でさえも、「ひきこもる」という手段で何らかのメッセージを主張するのですから、これも一つのコミュニケーション方法です。たとえばひきこもりは過去に何らかの嫌なことがあったために、それがトラウマや恐怖心となって交流を一切断絶する行為です。社会との接点を断ち切ることで、自分を守ろうとする行為がひきこもりです。

ひきこもるまでいかなくても、さまざまな誤解から人間関係が崩れて人間不信になり、嫌な思いをした経験は誰にでもあるはずです。

社会で他者と良好な関係を持つにはコミュニケーション力が大切になります。コミュニケーションの行き違いが原因となり、「苦手（嫌）な人」を自分自身で作り上げてしまい、社会や他者を避けることもあるでしょう。

しかし、その判断は本当に正しいのでしょうか。自分の経験則だけで「ものごと」の本質を理解したように思い込むことは、あまり得策とは言えません。

例えば「湯のみ」を例にして考えてみましょう。一般には湯のみはお茶を飲む道具として考えます。これは湯のみの機能性からの解釈です。或る人は湯のみを粘土、化学薬品を使って加工した「もの」と見る人もいるでしょう。材料の観点からいえば、確かにその通りです。また、湯のみを真上から見れば丸い形ですが、横から見れば四角形に見えます。湯のみを経済的に見れば、お金に代わる「資本」と見る人もいるでしょう。

このようにたった一つの湯のみを例にとってみても、どこに視点を置くかによって無数の概念が考えられます。これらの見方はどれも間違った解釈ではありません。どれもが正しい答えですが、見る側の立ち位置によって、そして本質をどこに見出すかによって、見方は千差万別になります。

我々が経験によって絶対であると信じていることは単なる一つの見方であって、自分の見方が本質のすべてを示しているわけではありません。つまり、人の数だけ異なる考え（答え）があるということです。ですから自分の判断が常に、そして必ず正しいとは限りません。自分が判断する時に「他の見方や考え方があるのでは」と自問自答しつつ他の選択肢をよく考えてみると、今までとは違った視点で世の中を見ることができるようになるでしょう。

こうした考えは、他者とコミュニケーションする時にも役立ちます。「この人嫌い」と思うのは、その人の一つの側面だけしか見ていないからであって、あらゆる角度から客観的に見てみると、案外その人の良い所が見えてくるかもしれません。

三　私もOK、あなたもOK

バランスのとれた判断力とは、常に「自分」「相手」「客観的第三者」の三つの立場をうまく使い分けてはじめて成り立ちます。

「自分」の立場とは、誰もが持っている主観的な視点です。誰でも自分が正しいと思っていますが、時には自己中心的にものごとを判断し、独善的で自分勝手な主張をする場合もあります。

自己中心的にならないようにするためには、「自分」の立場から離れて「相手」の気持ちになって考えることが必要になります。「相手」の立場で考えると、「自分」の立場より少しは客観的に考えることができます。

ただそれは「相手」の立場になって自分がどのように行動するべきかということですから、まだ「自分」が残っています。故に完全な客観的立場ではありません。

もし「相手」の立場になって相手ばかりを優先すると、自分を犠牲にすることにな

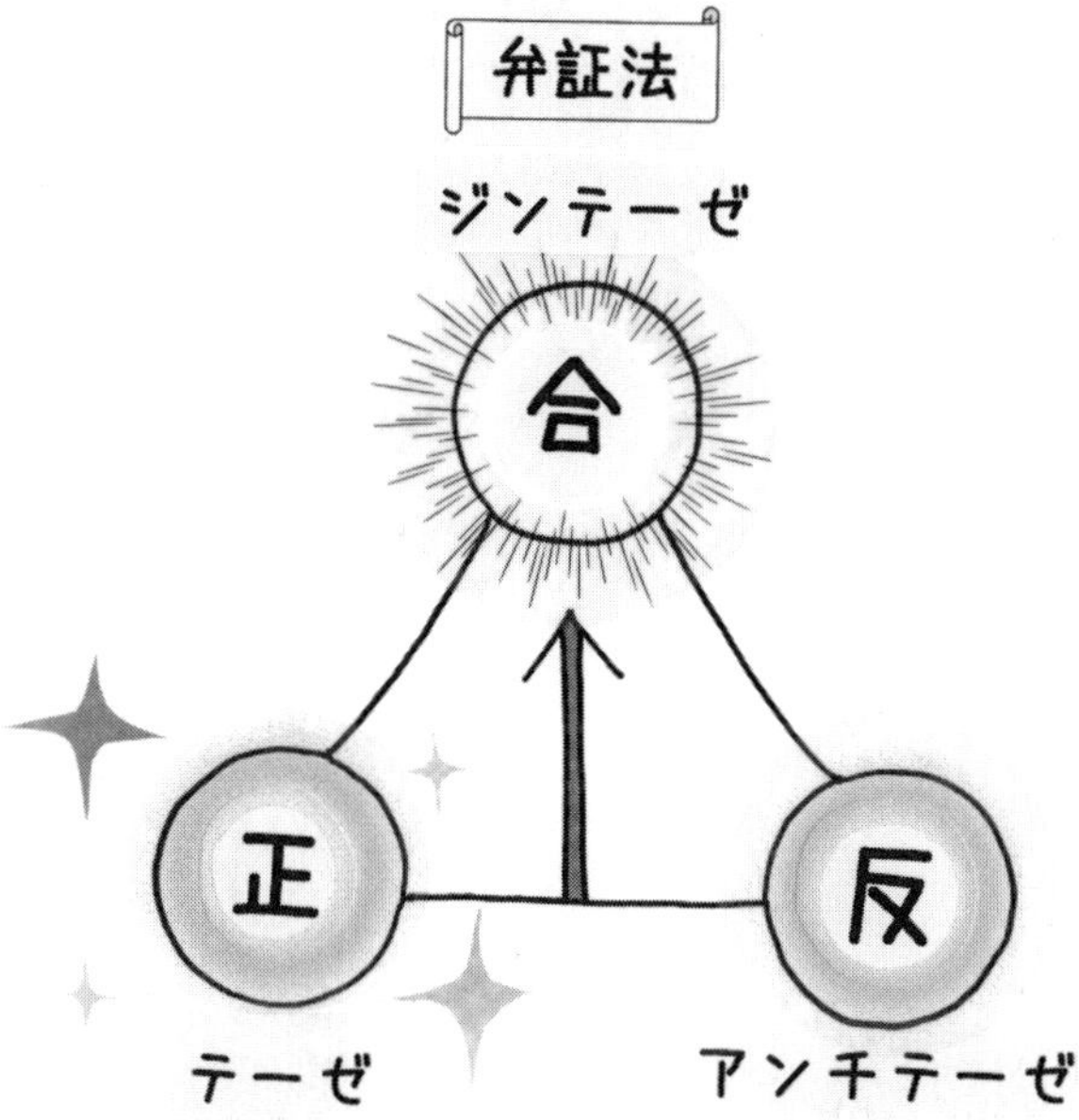

り、自分を押し殺し続ければストレスもたまります。
そこで、「自分と相手から離れた客観的第三者」として、「自分」も「相手」も本当の意味で客観的に観察することが大切になります。「客観的第三者」になることによって、「自分」だけでなく「相手」にとっても良い解決方法が生まれます。
これは哲学でいうところの「弁証法」という考え方です。弁証法とは「正」（テーゼ）

と「反」（アンチテーゼ）という対立から、止揚（アウフヘーベン）して「合」（ジンテーゼ）へと新たな世界観を生み出す方法論です。

例えば古いものと新しいもののどちらが良いかといった対立は、結果としてどちらかの否定に終わってしまいます。しかし新しいものに古い良さを残すことで、両方の良さがミックスされて新たな価値観が生まれます。古民家再生などはまさにその一例です。このような両者が活きる客観的第三者の立場とは、「I am OK」と「You are OK」の両立を可能にします。

人間関係の対立は、まさに「自分の立場」からの主張のぶつかり合いです。意見が合わないときこそ、「客観的第三者」の立場になって、ファシリテーター（調整役）としての視点から客観的に両者の意見の良いところを組み合わせてみてください。そうするときっと、何かアウフヘーベンの作用が起こり、あらたな解決策（ジンテーゼ）が見つかるはずです。

四 コミュニケーション上手になろう

就職や転職の厳しい今の時代、社会はどのような人材を求めているのでしょうか。最も重要視しているのが、コミュニケーション能力です。「コミュニケーション能力が高いか」と問われて、自信をもって「はい」と言える人は少ないでしょう。それだけ多くの人が自分のコミュニケーションスキルに自信がないということです。

しかし、コミュニケーション能力を向上させるといっても、何をどこからどうすればいいのかわかりません。では、一体コミュニケーション能力とは具体的に何を意味するのでしょうか。

そこでコミュニケーション力のアップのために、以下の三点をセルフチェックしてみてください。

①何を伝えようとしているか、趣旨は明確か
②自分の意見や主張をサポートする客観的理由はあるか
③意味が曖昧な言葉を使っていないか

以上の三点がＯＫならば、次に大切なことは自分の主張したい内容の構成をなるべくシンプルに整えることです。コミュニケーションが下手な人は、一つの主張にいくつもの意見が混ざって問題のすり替えが起こってしまい、結局何を言いたいかわからなくなるといった共通点があります。伝える内容の構成がバラバラだと、相手の理解は絶対に得られません。

そこで、ここでは最もシンプルな構成方法とも言えるプレップ（PREP）法を紹介しておきたいと思います。プレップ（PREP）法は以下の四つで構成されています。

①　主張（Point）
②　理由（Reason）

③　具体例（Example）
④　要約（Point）

①から④の順序に従って自分の主張を展開していくのがプレップ（PREP）法です。ではプレップ（PREP）法を使って簡単な文章を作ってみましょう。

①　私は掃除が大好きです。
②　なぜなら掃除しているときは、嫌なことも忘れるし、掃除した後にとても心がすっきりとした気持ちになるからです。
③　例えば、わたしは会社で上司に怒られて落ち込んでいましたが、帰宅後に部屋の掃除をして必要ないものを捨てたら、モヤモヤして落胆していた気持ちがすっきりしました。また、部屋も快適になりました。
④　このように、掃除はストレス発散と部屋の片付けという一石二鳥の効果があります。だから、私は掃除が好きです。

　このようにプレップ（PREP）法を使うと主張が明確になり、構成もシンプルになります。会話や文章は、地図のようなものと考えてください。相手を導く最終到達ゴールをはじめに決めて、最短距離で効率よくナビゲーションすることが大切です。
　頭に浮かんだことをそのまま話したり書いたりすることは気持ちが優先してしまい、ロジカルなコミュニケーションにはなりません。そうなると、聞き手は何をどのように理解すればいいかわからなくなります。

特に日本語は、主語や目的語が曖昧でもニュアンスで話を展開できますので、多くの会話や文章で主語や目的語が省略されていても、さほど気にはなりません。しかしその曖昧さが原因となって、ミスコミュニケーションが発生してしまいます。ですから、まずは「依頼」なのか「返答」なのか、それとも「提案」なのかといったことをはっきりさせることが大切です。

コミュニケーションとは、自分が伝えたい思いを言葉や文字によって表現し、相手の同意を得ることです。相手の同意が得られないのは、自分の思いを表現するための情報が十分に含まれていないからです。

そうなると、双方間の理解が成立しなくなります。ですから相手が自分に理解を示してくれない場合は、「何で私を理解してくれないの」と相手を責めるのではなく、「相手が納得するための十分な情報を提供したか」「適切な言葉を使っているか」といったことを、一度セルフチェックしてみてください。

五　焦点を絞った会話術

アメリカでは、会話のなかによく「In terms of」(～に関しては、～の視点からは) という言葉がでてきます。訴訟社会だからなのでしょうか、アメリカ人はいろいろな解釈が可能な抽象的な言葉を極力避け、必ず自分が主張する話を具体的なシチュエーションに限定して話す傾向にあります。

アメリカの人は、特に抽象論を嫌います。一方、日本人は先に一般的な抽象論を丁寧に論じて、その普遍性の一例として具体例をあげます。そうなると、どうしてもいろいろな解釈が可能となり、そこに誤解が生じてしまいます。皆さんも自分の述べたことが、意図することと違って解釈された経験はありませんか。

家庭での何気ない会話を例にとって考えてみましょう。大学生になった子どもが「原付バイクを買いたい」と親に相談しました。

父「原付バイクは事故も多いし、バスで通えばどうだ？」

子ども「でもバスだと不便だし、時間的にも原付バイクのほうが早いし……」

母「それに、お金もかかるしね。自転車ぐらいなら……」

シンプルに思えるこの会話では、三人それぞれが全く別の視点から話をしています。

父は「子どもの安全」について、子どもは「時間や利便性」について、母は「購入金額」について述べています。

三人の言い分はそれぞれの問題意識がベースとなっていますから、誰も間違ったことは言っていません。しかしこれではまとまる話もまとまりません。

このように、一つのことを論じていても問題の視点が違えば、最終的な判断も変わってきます。ですから、誤解やミスコミュニケーションを避けるためには、視点や問題を限定することが大切です。

その一つの方法として何かを主張するときは、まず会話の前に「～に関して」(In terms of) を使うと、論じる焦点がはっきりします。もし問題のすり替えが会話の途中で起こっても、すぐに軌道修正ができますから、他の問題が入り込まずにミスコミュニケーションも減り、誤解も少なくなります。

また「In terms of」を使った会話からは、新たな問題も見えてくるという利点もあります。上記の会話の場合、「時間、利便性」の視点から話をしているところに、今まで気が付かなかった「安全性」「経済性」といった新たな問題も浮き彫りになります。そうなれば、新しい視点から見えてくる問題を一つずつ議論して、相互のメリット・デメリットを明確にしてから全体的に判断をすることが可能となります。これは、問題を一緒くたに議論するのとは全く違う方法論です。

さて、大体のミスコミュニケーションは、それぞれが興奮して自分の言いたいことだけを主張し、お互いが違う視点から論じているケースがほとんどではないでしょうか。その場合、お互い理解し合えないのは当たり前です。

会話で話がどうもうまく噛み合わない時は、「In terms of」の会話術で問題となる焦点を限定して、話をシンプルにしてみてください。そうすればきっとミスコミュニケーションが減り、意外と簡単にお互いの主張を理解し合えるようになるはずです。

六　結論から話そう

自分の意見を伝えることが苦手だと感じるのは、自分の言いたいことをきちんと整理できていないからです。そういう時は、まずは結論から述べてみてください。結論をはじめに述べることによって、何が言いたいのか明確になるだけでなく、話す時間も短くなり簡潔に自分の意見を伝えることができるようになります。

結論を述べたあとは、なぜその結論なのかという理由を三つほど挙げましょう。理由が長くなると、なんのための理由づけなのかがわからなくなり、結局一番大切な判断材料の理由が曖昧になりますから、理由は三つほどに絞って簡潔にまとめるのが良いでしょう。

そして、その理由の裏づけとなる客観的事実を付け加えると、主張に説得力が増します。客観的事実がないと、結論をサポートする理由が根拠のない自分の勝手な思い込みになってしまいます。実際のデータや事実を付け加えると説得力が増すのは、結論をサポートする理由が勝手な憶測や思い込みではなく客観的事実に基づいているからです。例えば、会社でコピー機が壊れて新しいコピー機を購入する時、どのような理由と裏づけが考えられるでしょうか。

・結論
　A社のコピー機ではなく、B社にしよう
・理由
　値段が安い
　メーカーのサポートが充実している
　多用な仕様が可能である
・裏づけ
　価格表
　サポート体制
　機種の拡張性

結論（Conclusion）、理由（Reason）、裏づけ（Fact）の「ＣＲＦの原則」をフレームワークにして話を構成すると、趣旨が簡潔になって説得力が増し、聞き手にとっても理解しやすくなります。こちらの言いたいことが伝わっていないときは、ＣＲＦのどれかが欠如していたり、ＣＲＦの順序が違ったりしている可能性があります。

思いつきで自分の頭に浮かんだ考えを、ただ単に言葉にするだけでは相手になかなか伝わりません。自分の気持ちが相手に伝わらない時は、感情的に自分の思ったことを言葉にしている可能性があります。

「ＣＲＦの原則」はプレゼンテーション

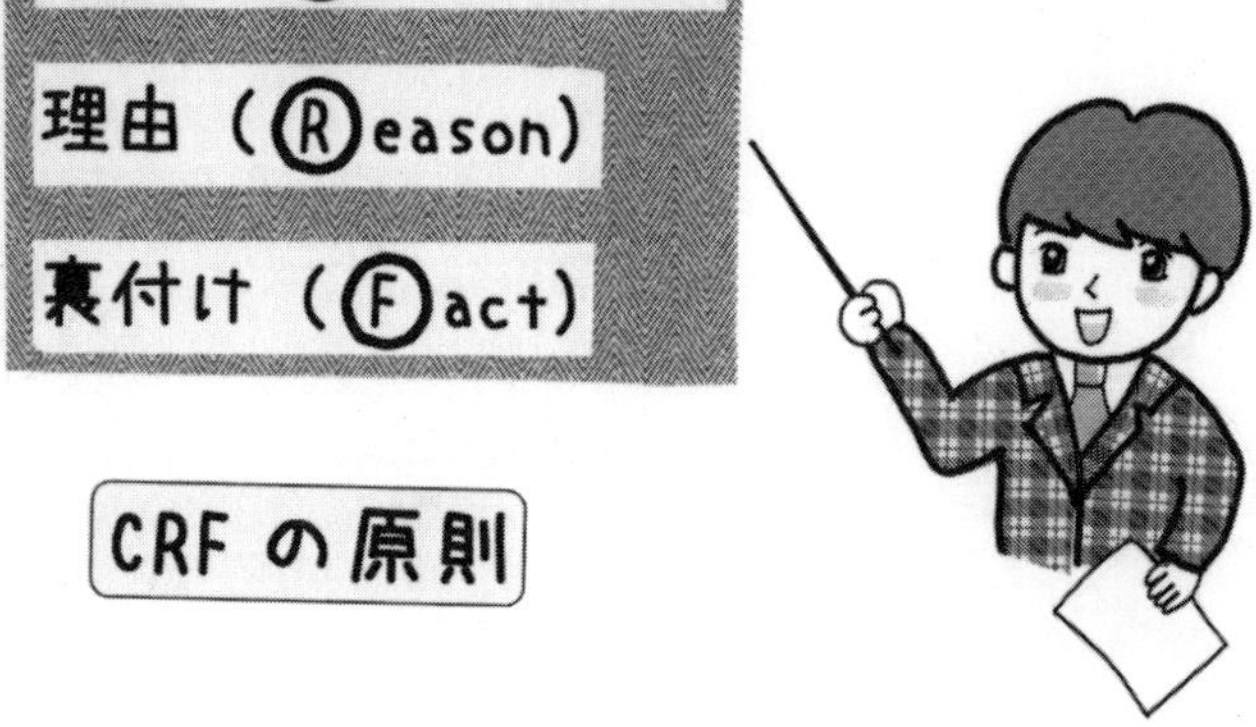

やネゴシエーションの時にも役立ちますし、論理的に考えられるようになり問題を整理することもできます。コミュニケーションスキルを高めるためにも、ＣＲＦのフレームワークで自分の言いたいことを一度組み立ててみてください。きっと説得力が増して自分の言いたいことが相手によく伝わるようになるでしょう。

七　第一印象と判断力

第一印象はとても大切です。第一印象が悪いと得することはなくても、損をすることは多々あります。これを数値に示したのが「メラビアン（3V）の法則」です。この法則によると、人は言語（Verbal）から七％、聴覚（Vocal）から三八％、視覚（Visual）から五五％といった割合で他人を判断するそうです。つまり、九三％が「声」と「見た目」からの第一印象で人を評価するのです。特に「見た目」は半分以上の割合を占めていますから、身なりや格好がどれだけ大切かということがわかります。

だからといって第一印象が絶対に正しい評価や判断かといえば、必ずしもそうとは言えません。なぜなら第一印象は、あくまでも「仮説」だからです。見た目やちょっと話した印象から、「Aさんは良い人だ」と思うと、「良い人」という「仮説」を裏づける根拠や情報をAさんの行動から探しだそうとする心理が働きます。つまり、「良い人」という先入観でAさんを見てしまうのです。例えばゴミ置き場で荒らされたゴミを、黙々と掃除しているAさんの姿をみると、「Aさん＝良い人」という思いがさらに強くなります。しかし、もしかするとその荒らされたゴミはAさんが深夜に出したもので、それを必死に掃除しているのかもしれません。

人には「第一印象」と呼ばれる「仮説」に従って、その仮説を肯定するための情報を集めようとする心理があるようです。そして第一印象が他の情報によって更に強い固定観念となれば、間違った判断をしてしまうかもしれません。

この心理作用をうまく利用したのが詐欺商法です。「絶対に良いもの」「絶対に儲かる」という印象を客の心に植えつけてしまえば、あとは客が自分自身を納得させるために信じる根拠を自らが探してくれるのを待ち、最後には自ら喜んでお金を出してくれるというのが詐欺商法のからくりです。

もう一つの事例をあげておきます。恋をした時のことを思い出してみてください。人を好きになったはじめの頃は、その人の良いところしか見えません。仮に嫌なところが見えても、その欠点を見ないふりをして自分を納得させた経験はありま

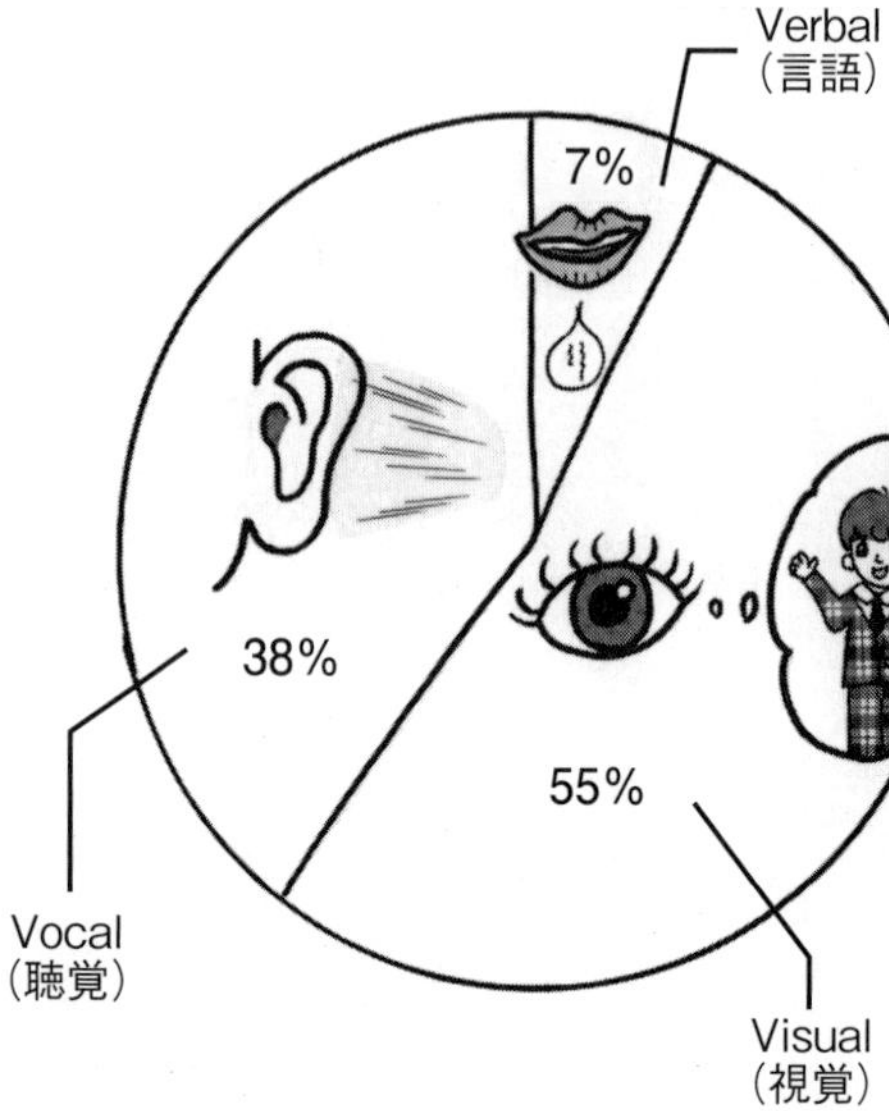

せんか。これが「恋は盲目」といわれる所以です。こうした心理の働きがあることを前提に置いて、第一印象からの自分の判断を冷静に受け止める必要があります。

人間関係でも同じです。私たちは他者の日々の行動や言動から、その人を判断します。自分が嫌いと思っている人についても、その「嫌い」という気持ちを肯定的に裏づけるような偏った情報だけを探し、それを基準にして評価しているのであれば、その人の良さを見逃しているかもしれません。

自分の「見る目」を再度疑うと、先入観を捨てることができます。きっと今まで見えなかった真実が見えてくるはずです。

八　批判的精神とは

批判的精神を持つことは大切です。しかし、自分と意見が合わないという理由だけで他人を非難したり、自分にとって不利な世情だから世の中を酷評するのは、批判的精神ではありません。

非難や酷評する人の多くは、憶測や表面上の出来事だけで物事を判断している傾向があります。憶測や出来事についてだけならまだしも、それに関わる当事者の思い及ばないようなストーリーを作り上げ、その人を攻撃することは本当の批判ではありません。

何かを批判するためには、批判する自分の理性と理解力を把握し、批判する事柄に対しても十分な知識がなくてはいけません。本当の批判的精神を持つためには、まず自分自身の理解力と理解範囲を良く知っておくことが大前提です。つまり、批判的精神とは「自省」（自らを省みること）からはじまるのです。

一般的には、自分の関心は外の世界へと向かっていくのが普通です。それ自体はいいことですが、それに加えて自己の内にも関心が向けられるべきです。自己を省みることを習慣づけておくことは大切です。自分自身をまず知るという「自省」こそ、批判的精神の大前提であるということを忘れてはいけません。

自省が前提にある批判的精神は、偏見のない公平公正な立場をとり、自己中心的立場からの非難や酷評にはなりません。批判的精神とは決して他者の人格否定に及ぶのではなく、あくまでその出来事に至った過程や原因にフォーカスし、それが前向きで建設的に将来へと繋がっていくものであるべきです。ですから、本当の批判的精神とは攻撃的ではなく、むしろ肯定的協調的なのです。

口からほとばしる言葉が、単なる否定的な愚痴となるのか、肯定的な批判的精神に裏づけされた建設的な言葉になるかは、自分の理性と理解能力を把握し、批判する事柄に対して十分な知識があるかないかで大きく違ってくるのです。

九　尊敬される人とは

「怒」「悲」「苦」は、心が病む主な原因です。陰口を叩く、他人のミスを一方的に責める、自分はいつも絶対に正しいと思っている、自己反省ができない、相手を傷つけるようなことを言う、計算高く策略的に行動する人などは、心に「怒」「悲」「苦」を常に持ち、本来無垢で清浄な心が正常に機能していません。

それゆえに、誰からも避けられ敬遠されるようになります。もし人望がなく人から嫌われているのであれば、心が「怒」「悲」「苦」に支配されている可能性があります。

ただ人間である以上、「怒」「悲」「苦」を伴った心情になることは仕方ありません。しかしいつまでもこうしたマイナス思考に縛られていると、自分の周りにいる人々を不快にさせてしまいます。

誰からも尊敬される人は「怒」「悲」「苦」を長く自分の心に留めたりはしませ

ん。そして、どんなに忙しくてもぞんざいな態度をとらず、他人の話をよく聞きコミュニケーションを何よりも大切にします。こういう人は、問題が起きた場合でも動揺せずに、「人柄」で「事を収める」ことのできる器量の持ち主です。

誰からも慕われ尊敬される人間性を持つことは簡単ではありません。それなりの仁徳者になるには、段階的な成長のなかで一つずつ社会経験を

積んでいきながら、辛いことや失敗経験を自分のなかで消化してプラスに転換させることが必要です。

自分の力だけで生きているといった自我的な考えを捨て、周りにいる人々のおかげで今の自分があるという感謝と謙虚な気持ちを常に持てるようになれば、「どれだけ素晴らしい人間か」といったアピールを自分からしなくても、周りが自然と認めてくれるようになります。しかし最近は経験を積むにつれて、自我が強くなり自己中心的に物事を考え、体験主義に傾倒しすぎて謙虚さを忘れる人が多いようです。

さて、あなたは周りから慕われ尊敬される人か、それとも誰からも敬遠されるのか、どちらのタイプでしょうか。口先だけで体裁を整え、自分の立場の保守を何よりも重要視するような利己主義的な人であれば、人から慕われることはありません。周りの人々から認められるためには、まずは「怒」「悲」「苦」の感情を捨てることからはじめてみましょう。

3　問題解決力

一　問題を解決する力

私たちは毎日何らかの問題を抱え、その問題を回避もしくは解決しながら生活しています。いつも「え、なんで」と思いもよらない問題が突然降りかかってくるように思いがちですが、それは決して突然に私達の目の前に出現したのではなく、無自覚のうちに起きた小さな問題が時間の経過と共に次第に積み重なった結果です。つまり問題は発覚する前からずっと問題化される因子として自分の生活のなかにあるのです。

私達が問題を自覚するときには、既にいろいろな要素が絡み合った複雑な問題となっています。そうなると問題を解決するには時間的にも精神的にも負担となり、どこに問題があるのか、どこから手をつけていけば良いかもわかりません。

では、複雑化した問題を解決する糸口はどこにあるのでしょうか。問題が自覚されるまでには時間の経過があるわけですから、そこにはきっと問題の連続性（パターン、傾向）が潜んでいるはずです。その連続性を構造的にそして時間系列的にもどこかで断ち切ることが解決する方法です。

たとえば何でも「三日坊主」に終わってしまう人が抱える問題は何でしょうか。それは時間の経過とともに、「飽きる」「モチベーションが下がる」「結果が短期間で表れないので諦める」といった心理的変化が起こることです。

毎回新しいことをする度に「三日坊主」を繰り返してしまうのは、三日坊主となるパターン構造が働いているからです。ということは、その構造を自分にとって望ましいパターンに変えて、新たにポジティブ効果を生み出す因果関係を創りだす要素を取り入れれば、三日坊主は改善されるはずです。

悪いパターンを断ち切るためには、そのパターンがはじまる前に「レバレッジ・ポイント」を導入すると、悪いパターンを良いパターンに変えることができます。「レバレッジ・ポイント」とは、何か一つ新しい要素を入れる（強化する）ことによって、「てこ」の作用のように全体に大きな「正」の影響をもたらす「力」のことです。

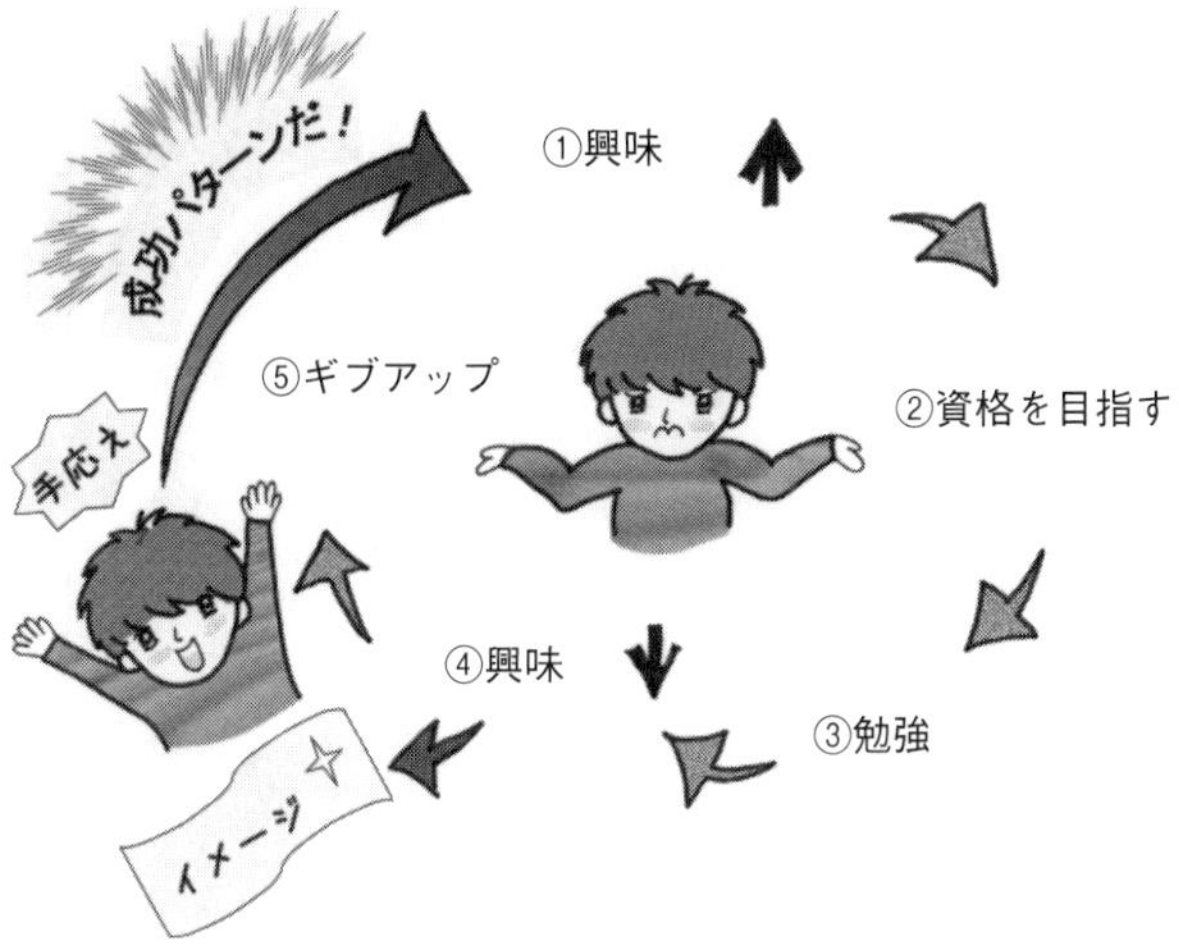

例えば、三日坊主が起こるまでの時系列が以下のような場合を考えてみましょう。

「①新しいことAに興味を持つ→②Aに関係する資格を目指す→③勉強をはじめる→④時間の経過とともに興味が薄れ、勉強時間が減っていく→⑤途中で辞める」といったパターンの場合、④に問題改善の余地があります。

④の心理状態になる前に、④の1「塾で行われている勉強会に定期的に参加する」→④の2「モチベーションがあがる」→④の3「資格合格のイメージ、手応えを得る」→④の4「勉強

を継続する、勉強時間が増える」といったパターン構造にしていけばいいのです。

このように「塾の勉強会」というレバレッジ・ポイントを取り入れて、三日坊主になるパターン構造を変えることができます。ここで一つ問題なのは④の3「手応えを得る」ところです。手応えを感じるためには、どうしても時間がかかります。「手応えを得る時間」が「飽きる時間」より余計にかかったときには、再び三日坊主の悪いパターンに入ってしまいます。

この時間的ラグの問題を解決するためには、そこに「ミニゴール」を設定すると良いでしょう。例えば、一回の勉強会に参加してテキストの一章をマスターするごとに、④のA「自分へのご褒美」（友達との食事、自分へのプレゼントなど）といった新たな「レバレッジ・ポイント」を④の3の前に設定すれば、手応えを得られるまでのタイムラグは解消されます。そして、④のB「勉強会に参加するための予習をする」→④のC「勉強時間が増える」といった新たな効果が生まれ、パターンがさらに強化される構造へと改善されていきます。

三日坊主の事例から、以下の三つが問題解決にあたって重要であることがわかりました。

①状況を認知して
②改善策を施し
③行動する

この三点はあらゆる問題に対して良い変化をもたらす方法論です。特に③の「行動する」ことは何よりも大切です。どんなにすばらしい分析や作戦も実践で使われなければ、ただの絵に描いた餅で終わってしまいます。

上記の①から③までを繰り返していくと、P（Plan）、D（Do）、C（Check）、A（Action）サイクルが生まれ、改善が更なる改善を呼び込むようになります。特に行動するところでプラス効果をもたらすパターン構造を作っていくことはとても大切です。

このようなことは、考えてみれば誰でも知っている当たり前のことなのですが、実際にこのパターンを具体的な計画表にまで落とし込んで、それを日々実践することができる人はあまり多くいません。日常生活の問題解決やプラス思考への転換ツールとして、ぜひ応用してみてください。

二　問題は解決策の副作用

やっと一つの問題を解決したと思ったら、また次の問題がすぐに起きてしまうといった経験はありませんか。これは目先の問題解決だけに気を取られて、その問題を解決すると次にどのような影響を及ぼすか、全体的な視点で物事を見ていないからです。

つまり、一つの問題を解決した後に、次から次へと新たな問題が起きるのは、まさに「木を見て森を見ず」といった対症療法が原因です。多くの問題が潜在しているなかの一つだけの問題対処は、一時的な問題の先送りにはなるでしょうが、本当に問題を解決したことにはなりません。

このことを実感したのは、私がアメリカで車輌交通量の研究をしていた時のことです。私は渋滞緩和の対策として、単に「車線を増やせば渋滞は緩和される」といった安易な仮説を立て、データを分析しはじめました。分析結果は車線を増幅すると渋滞が解消されるどころか、ますます渋滞が悪化したのです。それは道路が広くなって車が走りやすくなると、今まで渋滞を理由に違う道を通っていたドライバーが増幅された道を利用しはじめ、そして道路改善によって車の販売台数も増えたことが原因でした。また道路周辺の二酸化炭素量や事故数も急ピッチで増えるなど、新たな問題を誘発することにもなりました。

このように、一つの問題を解決するにあたっては、その問題が関わるすべての範囲に及ぶ全体像を見通すことが必要です。今起こっている問題は、かつての問題解決策が原因となっているかもしれません。現状維持や一時的な緩和といった対症療法と全体の本質から迫る問題解決方法は、全く別次元のものと考えたほうが良いでしょう。

何か問題が起きるときは、決してひとつの要因だけに起因しているのではありません。いろいろな要因が絡み合い、複雑な問題となって表れるのです。

目に見えている問題は氷山の一角で、まだその背後には多くの複雑な問題が潜んでいます。「木を見て森を見ない」のではなく、もっと広い視野で現状やその状況に関わる全体を見渡せる力こそが問題解決力の源と言えるでしょう。

三　平均値に騙されない判断力

私たちは平均であることを好み、人並みになることに安心感を覚えます。「平均的」「人並み」を好むというのは、「他人と比べて自分がどこに位置しているか」をいつも気にしているということです。人より下回っているかどうかの判断に使われるツールが「平均値」です。

考えてみれば学校では小学校から大学まですべての教科試験で平均点が計算され、成績が平均点と比べてどの辺りに位置しているのかによって学習達成度を判断します。これは職場での営業成績などの評価でも然りです。

平均値とは、何を意味してどれだけ正確な基準なのでしょうか。偏ったデータから平均点を計算すると、現状を誤って理解してしまうことがあります。例えば、四〇人クラスで平均点八五点を考えてみましょう。平均点の内訳が、五〇点三人、六〇点六人、七〇点一人、八〇点が一人、九〇点が十六人、一〇〇点が十三人だったとします。八五点という平均点は、一〇〇点を採った生徒のことを示すものではありません。そうかといって五〇点の生徒の理解度を表すかと言えばそれも違います。この場合の平均点は、何の意味もなさないどころか、間違った先入観を与えます。特に対象データが両極端に偏っている場合は、平均点だけを信じると現状を間違ってとらえてしまいます。

では平均値のどこに落とし穴があるのでしょうか。平均値が作り出す錯覚とは、平均値の近くに多くの人が集まっているという誤認です。

平均値だけでは、データのばらつきを正確に把握することはできません。そこで、平均値（mean）を使用するときは、同時に「中央値」（median）を使って平均との誤差を認識すると良いでしょう。中央値とは、すべてのデータを数値順に並べたとき、中央に位置する数字のことを言います。もしデータが偶数で中央の数字が二つある場合は、それらを足して人数で割ります。

中央値では、データの分布から全体像を見ることができます。テストの例の場合、中央値は七五点で、平均点より一〇点も低くなります。平均点より低いという理由で八〇点を評価しないのか、中央値より上に位置するという理由で評価するのとでは、評価が大きく分かれます。

中央値よりさらに詳しく分布をみるツールが「標準偏差」です。標準偏差では、平均との差がおおよそどれくらいあるか、自分がどの位置にいるか、データのばらつきなどがわかります。

このように、平均値ではなくデータ分布の山がどこにあるかということを基準にみていくと、より正確に現状を理解することができます。データの用い方次第で、見方は随分と変わってくるのです。

平均値による判断は、必ずしも正しい絶対

的ツールとは言えません。平均値だけを基準にするよりも、詳細な分布を観察した方がより正しい判断ができます。平均の持つ魔力に騙されないように注意しましょう。

四　創造力を生むラテラル思考

「人材不足」を嘆く最近の企業は、「クリエイティブ（創造的）」な人材を広く求めています。ではクリエイティブな人材とはどういった思考ができる人を指すのでしょうか。

クリエイティブなアイディアを考え出すためには、一切の制約や限界を設けずに、あらゆる可能性から問題解決を試みるラテラル（水平）思考が大切です。「ラテラル・シンキング」を説いたエドワード・デボノ氏は、自著『水平思考の世界』で面白い例を挙げています。

〈問い〉

急な坂道で停車中に、突然自分の前にいる車がバックしてきました。その時どういった行動をとるのがベストでしょうか。

〈答え〉

①　クラクションを鳴らして、前方のドライバーに気づいてもらう。

②　接触を避けるために自分の車をバックさせる。

一見、どちらも正しい行動のように思いますが、この二つの解決方法には問題点があります。それはどちらも解決の決め手を相手がブレーキを踏んで車を止めることに頼っているという点です。

もし車両機器のトラブルであれば、どんなにクラクションを鳴らしても下がってくる車は止まりません。また、衝突を避けるためにバックしても後ろにも車が詰っていればバックするスペースも限度がありますし、バックする距離が長くなればなるほど、前の車の加速が増すために接触するときの衝撃は大きくなってしまいます。結局、自分の車をバックしてもそれは単なる時間稼ぎにしかならず、最後は相手側がブレーキを踏んで車を止めることを願うしかありません。

この場合のベストな解決方法は、クラクションを鳴らすことでもなく、下がって

くる車から逃げるためにバックすることでもありません。むしろ下がってくる車に向かって前に進み、衝突する瞬間のところでブレーキをかけることが最も被害を少なくする方法なのです。

普通の考え方では、なかなかこのような逆転の発想は思いつきません。それは自ら制約や限界をアイディア創造の過程で設定し、自分の先入観や思い込みが自分の思考範囲を無意識のうちに狭めているからです。

どんなに小さな可能性も排除せず

に問題解決を試みるラテラル思考がクリエイティブなアイディアを生みます。十分に考える時間がなく即決をしなければならない時、窮地に立たされている時、そして何をしても解決できない時こそ、クリエイティブになるチャンスです。

いろいろと悩みを抱えて切羽詰まっている場合は、一度自分の先入観や過去の経験を捨て、ゼロベースから再考してみるとよいでしょう。自分が思い込んでいる制約や限界に縛られずに、できる限りの可能性から問題解決へアプローチすることで、今まで思いもつかなかった良いアイディアがきっと浮かぶはずです。

五　チェンジの方程式

人は「変化」を嫌います。頭では「今のままではいけない」とわかっていながらも、いざ行動しようとしてもなかなか重い腰を上げることはできません。

新しいことを試すほうが今より良い状態になるかもしれないといった曖昧な思いだけでは、行動を変える動機にはなりません。むしろ、行動を変えるために伴う、お金、時間、人間関係などのデメリットを考えると、新しいことにチャレンジするのが億劫になります。しかしどれだけ面倒でもそれ以上に恩恵を被るとわかれば、人はチェンジに向かって行動をはじめます。

こうした人間心理は、「ギルマンの方程式」としても知られています。ギルマンは古い方法から新しい方法へシフトすることによるメリットが、変化に伴うコストやデメリットより上回れば、行動の変化は起こると主張しました。

例えば、ガソリン自動車よりハイブリッド車や電気自動車のほうが、ガソリン代そして環境面から考えてメリットが大きいことは誰にでもわかります。しかし、ガソリン自動車に比べるとずっと高額な点が消費者にとって大きなネックとなって行動の変化を遮ります。

どんなにすばらしいイノベーション（技術革新）を創造し実現しても、ギルマンの方程式が成り立たなければ、人は新たな行動をとることはありません。ではギルマンの方程式が成り立つにはどうすればよいのでしょうか。まず新たな行動が何をもたらすかということを正確にそして具体的に把握することが大切です。

次に、古いものの否定です。なぜ古いものがダメなのか、このまま古いやり方を続けると、何をいつまでにどのくらい失うのか、ということをコストと時間面から明らかにします。メリットとデメリットを正確にそして具体的に把握した後は、実行あるのみです。

最初から完璧を目指す必要はありません。まずは「○○からはじめよう。最初は小さな一歩からでも良い」といったポジティブ思考を持ち、メリットを現実化するために少しだけでも実行に移せば、変化に向けての大きな一歩となります。頭で

「何かを変えなければいけない」とわかっていても、それだけでは人の行動を変えることはできません。

さて「ギルマンの方程式」は、自分を改善する時にも役立ちます。誰もが自分の短所について頭ではわかっています。しかし、なかなか自分の短所を克服することはできません。それは自分の欠点と真剣に向き合わずに、抽象的にただ何となく頭で理解している程度だからです。是非、自分自身を良い方向に変えていくためにも「ギルマンの方程式」を活用してみてはいかがでしょうか。

六　思い込みを疑ってみよう

皆さんは判断を迫られたときに、何が最終的決断の「決め手」となるでしょうか。何の根拠もなく直感で決めている人もいると思います。しかし「ただ何となく、そう思ったから」という理由では、間違った判断をしてしまうこともあります。

最初の判断が、時間の経過とともに「あれ、違っていたかな」と思うことは、毎日の日常生活の場面で多々あるのではないでしょうか。そういう時こそ、自分の決断した内容や思い込みを疑い、再考して新たな判断をすることが大切です。

自分が間違っていたと認めるのはなかなか容易ではありませんが、そこに客観的事実があれば自分の間違った判断に執着する理由はなくなり、いたって冷静に判断・決断ができるようになります。

では、「モンティ・ホール問題」を参照して、客観的判断の一例を考えてみましょう。「モンティ・ホール問題」とは確率論の問題でもあります。「ベイズの定理」「事後確率」「主観確率」としてご存知の方も多いでしょう。

三つのドアがあります。
一つのドアの向こう側にだけ「当たり」が隠されています。
さて当たりのドアを選んでください。
ドアを選んだ後に、あなたは「はずれ」のドアを一つ教えてもらいました。
この時点でまだ「当たり」はでていません。
はじめに選んだドアのままでいいですか？　それとも選択を変えますか。

きっと多くの皆さんは、最初に選んだドアのままにしておくのではないでしょうか。三つのドアから一つの当たりドアを選ぶとき、当たる確率は三分の一です。一つのハズレを教えられたので、当たる確率が高まって二分の一になったと思った方はいませんか。これは直感に頼った判断の一例です。

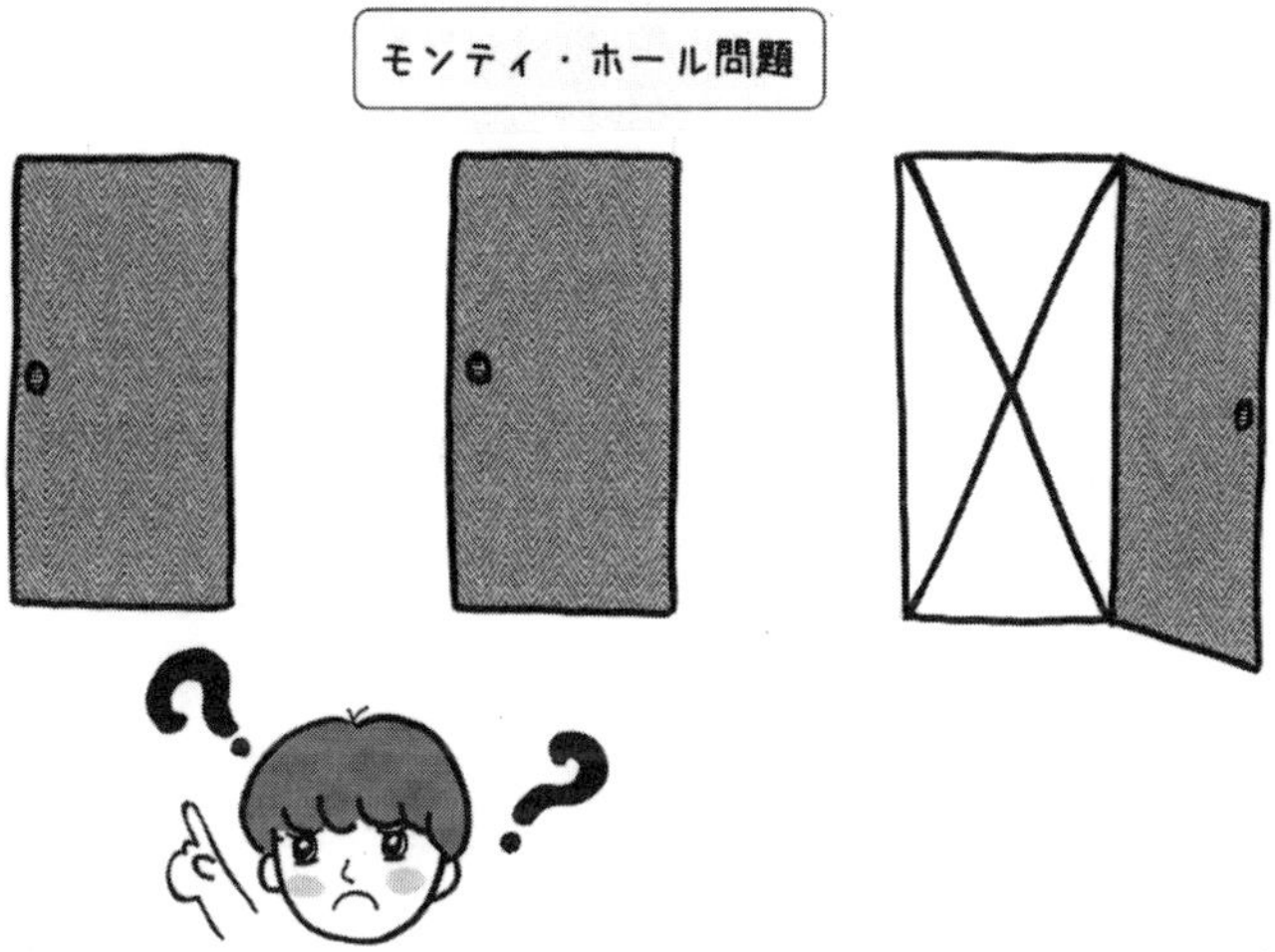

　しかし、果たしてどちらを選択する方が当たる確率は高いのでしょうか。
　実は、はじめに選択したドアと違うドアを選び直したほうが、当たる確率は高くなります。なぜでしょうか。三つのドアのうち、はじめにあなたが選んだドアが当たる確率は三分の一です。一方、あなたが選ばなかった二つのドアが当たる確率は三分の二（三分の一プラス三分の一）です。これはハズレを教えてもらった後でも変わりませんから、選択を変えたほうが当たる確率は高くなるのです。
　この事例は三つのドアからの選択と

なっていますが、選択する数が多ければ多いほど、この判断手法の効果は明確に表れます。このように直感や思い込みを捨てて論理的に考えてみると、判断内容も随分と変わってきます。

判断と決断を迫られる時に、必ず邪魔になるのが「思い込み」です。どんなに再確認を繰り返しても直感で判断している限り、なかなか「思い込み」を覆すことはできません。問題を解決するにあたっては、思い込みを棄てて新しい柔軟な発想による判断力・決断力・実行力をゼロベースから試してみてください。

七　努力と結果

現代は常に競争の社会であり、とても厳しい時代です。厳しい競争社会にいると不平不満を言いたくもなります。しかしいくら不満不平を抱いても、世の中が自分の思い通りになるわけではありません。だからこそ、今自分がやるべきことを淡々とこなし、自分自身の力で道を切り開いていくしかないのです。

「只在目前」という禅語があります。これは「ただ目前に在り」と読み、『景徳伝灯録』という宋時代の禅史書に出てくる言葉です。私的に解釈すれば、「自分が目指すべき真なる道は、目の前にあるので改めて考え悩み探し求める必要はない」、「答えはすぐ目の前にあるので、どこか遠くを探しても見つからない」、「今日やるべきことを確実にこなしていくことこそ、将来に繋がっていく」といったところでしょうか。「自分が抱えている苦悩とは、自分の心の在り方で大きく変化していくものだ」と自分に言い聞かせ、毎日充実した時間を過ごすほうが、不満だらけの毎日を送るよりよっぽど建設的です。「只在目前」の事への努力の積み重ねは、確実に幸せにつながります。

幸せになる機会は、誰もが平等に持っています。では何が幸せと不幸せを分けるかというと、それは何に対しても「努力」する前向きな心です。

世の中が物質的に豊かになるにつれ、我々は「早く」て「機能的」で「便利」な生活に慣れてしまいました。そして、すぐに結果がでることを望みます。それ故に結果がすぐに出なくても努力し続けることを忘れてしまっています。目指すハードルが高ければ高いほど、「努力」の結果が出るには時間がかかります。時間がかかるということは、それだけ「努力」を継続しなければならないということです。

短期的に結果が出ないためにすぐに諦めて「努力」を怠れば、それなりの結果しか得られません。そうなれば、また「結局、努力しても何にもならない」とネガティブな考えに陥ってしまいます。しかし、「努力」の効果がすぐに表れなくても、もしくは「努力」が実を結ばなかったとしても、焦ったり後悔する必要はありません。なぜなら、「努力」は結果として目に見えなくても、必ず人生の糧《かて》となっているからです。

大切なことは、失敗したと思ったときに「どのようにその失敗から立ち直るか」と考えることです。七回転んでも八回起き上がれば、人生の勝者となれます。人によっては、自分が成功しないことを「あの人のせいで」「どうせわたしは今までもこうだったし」といったように、他人のせいにしたり自分が置かれた環境のせいにしたりします。自分が幸せになれない理由を責任転嫁する人は、常に過去の出来事に縛られ、負の連鎖を自分の人生に呼び込みます。そうなると、次から次へと自分の身の回りで良くないことばかりが起こってしまうような気になってしまいます。

こういう人に限って、自分がいかに大変でかわいそうかということをアピールする傾向にあります。このタイプの人は、自分を悲劇のヒロインに祭り上げて同情を買うことを望み、話を大げさにふくらまして注目を自分に集めようとします。「かわいそうな自分」像を作り上げ、被害者意識を持っている限り、幸せは遠退いていくばかりです。

では、どのように毎日を過ごせば良いのでしょうか。それは、不満をなるべく言わず、他人のせいにもせず、自分を過小評価しないことです。そして自分の責任においておいて悔いのないように、人生の岐路を選択していくことです。これらは当たり前なことですが、三歳でもわかるようなことも大人にはなかなかできないのが現状です。

すぐに他人のせいにしたり、不満を口に出していないか、セルフチェックをしてみてください。もし不満をよく口にしているなら、「只在目前」の事に集中してみたらどうでしょうか。きっと自然に不平不満を口にする回数が減るはずです。

八　生きがい再考

充実した時間を送るためには、「生きがい」が必要になります。「生きがい」の定義は、人それぞれ異なります。仕事に「生きがい」を感じる人もいれば、プライベートの時間こそが人生の中で最も大切であると考える人もいます。

さまざまな「生きがい」の定義があるなかで一つだけ条件を加えるとするならば、それは他人を不幸にする行為が「生きがい」であってはならないということです。人間は自分ひとりの力だけで生きていくことはできません。他人や自分を取り巻く環境に支えられて、生かされているのです。ですから反社会的な行動が、「生きがい」であってはなりません。

こういった視点から世の中をとらえると、他者の存在を損なわずに「他利＝自利」といった生き方が大切であるということがわかります。そうは言っても、競争社会で勝ち残っていかなければならない我々は、自分の幸せをまず何よりも優先します。

　ましてや他人の幸せを第一に考える余裕もありません。しかし、こうした自己中心的にならざるをえない時代だからこそ、なおさら自他両者の「利」を大切にするところに「生きがい」を見出していくことが求められるのです。

「生きがい」を見つけるためには、生きるための目標と目標を達成するための努力が必要です。目標と努力は自分の人生を充実させるためのものであるべきですが、自分が必死に生きているのと同じように、他人も真剣に生きているわけですから、ほんの少しだけでも他者のためになることを人生の目標に取り入れると、きっと今までに感じたことのない「生きがい」を得られるのではないでしょうか。

「自未得度先度他《じみとくどせんどた》」（自分を犠牲にして、まずは他者を助ける）という境地には到達できなくても、「その人が今どういう立場で何に悩んでいるのか」「どういった言葉をかけてあげれば救われるか」と少しでも他者の気持ちを考えると、今までにない「生きがい」を見つけることができるでしょう。

九　自分の脳を疑ってみよう

アメリカの或る研究によると、人間は前日考えたことの九五％のことを翌日も繰り返し考えているそうです。その習慣的思考の八〇％が否定的な内容とのこと。確かに我々は楽しいことをどんなに多く経験しても嫌なことが一つ起きれば、その一つのことにとらわれてずっと考え込み、悩んでしまう傾向にあります。

この数値が正しいとすれば人間の脳は、物事や状況を否定的に考えるようになっているのかもしれません。それは最悪のことを想定しておけば、実際に起こる事態に対応できるし、精神的にも準備ができているといった自己防衛本能が働くからでしょう。

例えば上司に呼ばれた時に、多くの部下は「あれ何か褒められるかな」と思うのではなく、「何かミスをしたかな」と思うのではないでしょうか。また学校の先生から「お子様のことでお話があります」といった電話がかかってきたら、多くの保護者は「うちの子どもが何か悪いことをしたかしら」と瞬間的に考えるでしょう。

こうした考えが極端にエスカレートしていくと、マイナス思考となっていきます。悲観的な思考は不安な気持ちや鬱状態を引き起こす原因となりますので、何のプラスにもなりません。ではどうしたらマイナス思考を止めることができるでしょうか。

それにはまず、自分の思考回路がどのようになっているかを知っておくことが大切です。どこでマイナス思考が作られ、どのように悲観的な考えが自分自身に作用するかということを知っていれば、マイナス思考を事前にストップすることができます。

脳の研究によれば、幸せな人は「左前頭葉前部」の活動が非常に活発で、α波が多く流れているそうです。また、ストレスホルモンの分泌を促す「扁桃体」の活動も良く抑制されていることがわかっています。

α波を多く流出させ、ストレスホルモンを抑制するためには、自分のマイナス思考を根底から疑い、悲観的な考えは脳が勝手に作り上げた間違った思い込み（錯覚）であると考えると良いでしょう。

　つまり、脳を疑うことが重要なのです。脳は完璧ではありません。脳はよくミスをします。例えば、だまし絵や錯視を誘導する図などを見ると、いかに脳が簡単にミスジャッジしているかがわかります。ミュラー・リヤーの図形はその一例です。下図の二つの線はどちらが長いでしょうか。一見、下の線の方が長く見えませんか。実はこの二つの線は同じ長さなのです。

マイナス思考も然りです。脳が勝手に否定的に思い込むだけです。ですから、客観的にマイナス思考をとらえ、意識的にマイナス思考を無視することが大切です。

人間関係で悩む多くの場合、「自分は嫌われている」と勝手に思い込んでしまいます。しかし、こちらが勝手にその人に対して苦手意識を持っているだけかもしれません。「自分は嫌われている」と思わなければ、結構簡単に自分から話しかけることができたりするものです。人間関係で心理的に苦しいのは、その苦手意識をずっと抱いているからです。

ということは、その思いや意識を捨てれば苦しさから解放されるはずです。つまり、心にある「こだわり」を捨てれば良いのです。自分の心を開けば、他人も自然と心を開いてくれるに違いありません。

人の欠点を見つけ出すことは容易です。しかし苦手な人や嫌いな人の良いところを捜すようにすると、嫌な人が嫌でなくなってくることもあります。

結局、自分の心の持ち方次第で、世界観は変わるということです。「この人、嫌い」とあなたに思わせる脳に騙されないようにしましょう。

十　To be 派になろう

何か問題が起きたとき、あなたはどのように問題を解決するでしょうか。解決へのアプローチには大きく分けて「As is」と「To be」の二種類があります。あなたは「As is」派ですか、それとも「To be」派ですか。

「As is」は、「現状ありき」の立場から自分の抱えている問題を改善していく方法です。ただ「As is」の場合、過去の自分を引きずってしまいますので、なかなか現状から脱することができません。それに自分の目指すゴールがはっきりしていないので、問題を解決する過程でいろいろと迷いも生じやすくなります。結局、今の自分から脱することができないままで終わってしまいます。

一方「To be」は、自分が「どうあるべきか」といった具体的な理想像を明確化するところから考えはじめます。過去の経緯や今までの自分ではなく、将来の自分のあるべき姿をはっきりイメージすると、「自分が何をするべきか」ということが具体的に見えてきます。そして目的がしっかりと定まるので、迷走することもなく最短距離で自分の理想に近づくプランを計画することができます。

「To be」で最も大切なのは、過去の経緯や今までの自分をすべて捨てたゼロの状態から将来在るべき自分の姿をイメージすることです。そして、今の自分と「To be」の自分を比べ、自分が「あるべき姿」になるためには何をすれば良いかを具体的かつ実践的なプランに落とし込むことができれば、あとはプランを実行するのみです。ここで非現実的なプランを立てると、「やっぱりだめだ、できない」となってしまいますので要注意です。

「To be」のイメージが曖昧で、過去の延長線上でしか物事を考えられない「As is」の人は、自分の目指すゴールがはっきりとしていません。過去や現状に縛られている限り、どんなに試行錯誤しながら改善方法を求めてもドラスティックな改善は期待できません。

夢を現実にできる人たちは必ず「To be」思考に基づいて、自分が為すべきことを確実に実行しています。現状を改善できずに漠然とした夢を抱くだけで実行が伴わない人は、是非「To be」派になってみてください。「To be」派になれば、将来の目標がしっかりと定まった具体的な自己改善に取り組むことができるようになるはずです。

十一　充実した時間とは

「忙しい、忙しい」と口癖のように言う人に限って、有効的に時間を使っていないようです。

一方、本当に忙しい人は、確実にやるべきことを正確にこなします。本当に忙しい人は「忙しい」とぼやくことはありません。こういう人はタイムマネジメントがしっかりできており、忙しいながらも時間を効率よく使っています。ですから自分のやるべきことが達成できない言い訳を「忙しさ」に求めたりはしません。

では有効的時間とは、何を意味するのでしょうか。有効的時間とは、自分が費やした時間に対してどれだけの充実感（満足感）があるか、ということです。つまり費やした時間が短く充実度が高ければ有効的時間の質が上がるということになります。

費やす時間が長く、満足度も低い場合は、充実した時間を過ごしたとは感じません。ですから仕事や学習に長時間費やしても、自分の期待した成果が上げられないときは、時間を無駄にしたという思いが強くなります。

最短の時間でそれなりの成果を上げるためには、明確な目標設定とその目標に達するための現実的な時間配分がなされた計画が必要です。計画とは自分の過去、現在、未来をつないでくれるツールです。

自分の将来像が今より良くあってほしい、とぼんやりとしたイメージは誰でも持っています。しかし、抽象的なイメージだけでは今ある時間を有効的には使えませんし、毎日の充実感も得られません。具体的な一年後の目標を設定し、それを一カ月ごと、一週間ごと、一日ごとにブレイクダウンすると、短期・中期的に何をすべきかがはっきりと見えてきます。それを行動に移せば時間を有効に使うことができます。

仕事でもスキルアップのための学習でも、毎日のタイムスケジュールに沿って進捗させ、計画にズレが生じたらすぐに時間調整を行うことは当たり前で簡単のように思えても、できる人はあまりいません。

最近やたらと多機能付き手帳の人気があったり、年末になると多くのビジネス雑誌で必ず手帳特集が取り上げられるのは、時間の使い方に自信のない人がいかに多いかということを表しています。毎日の目標と達成度をきちんと把握して、後日その遅れを調整する人は、何の目的もなくただ何となく毎日を過ごしている人と比べると、時間が経つにつれ、人生の充実度に大きな開きが出ることは間違いありません。スケジュール管理がしっかりできている人は、空き時間ができた時でも有効にその時間を使うことができます。

皆さんの仕事場では、長時間働いたほうが仕事をたくさんしているといった間違った社風が浸透していませんか。本当に仕事ができる人は、仕事を短時間のうちに正確に捌《さば》けるスキルの持ち主です。

私が十二年近く滞在していたアメリカでは、残業すればするほど「無能」というレッテルが貼られます。日本はまだまだ「残業」の概念が根強く職場に浸透しています。無意味に長時間の勤務を求める上司や経営者がいるとするならば、それは有効的な時間の使い方を知らないということです。

時間を無駄にしている上司に限って、部下の仕事量や締切などの具体的詳細を把握せずに部下に長時間仕事を強いる傾向にあります。アウトプットの質や量以上に長い時間働くことを重視することは、上司の満足感を満たすだけで、それが業務を担当している本人のため、ひいては会社のためになるかは全くの別問題です。

費やす時間数（時間の量）よりも、どれだけ充実した時を過ごすか（時間の質）の方が大切なのです。皆さん、毎日残業しなくてもいいように、今まで以上に仕事処理の正確さとスキルアップを目指しましょう。

十二　騙されやすいタイプ

マルチ商法に騙され被害に遭う人のニュースが絶えません。一体どのような人がマルチ商法にひっかかってしまうのでしょうか。フェスティンガーという心理学者によると、自分の都合のいいように何でも解釈してしまうタイプの人がマルチ商法に騙されるタイプのようです。

これは「認知的不協和理論」と呼ばれています。例えば「これはよく効く」「こうすれば必ず儲かる」といったキャッチフレーズに、すぐに同意してしまう人たちが該当します。

また、他人の判断を信じたり、すぐに他人に頼ったりする人は、被暗示性が強くマルチ商法に騙されやすいそうです。自分の親しい人からの誘いを断れずに受け身的に行動してしまう人も騙されやすい傾向にあるようです。

私は大丈夫と思っている人も安心はできません。例えば、トイレ掃除をやらない理由を「まだ汚れていない」「汚くても誰にも迷惑をかけない」など日常生活でやるべきことを一日延ばしにする人は、まさに自分の都合のいいように考える人です。

「いや、私は自分の都合のいいようには考えない」と信じている方も、油断は禁物です。友達とレストランに行ってオーダする料理を友達に任せる人、ブランド志向や権威を好む人、自分に自信がない人、何でも誰かに言われないと行動できない人、自分ひとりで判断できない人、他人を信じられない人、相談相手がいない人、これらはすべて被暗示性が強い人たちで、思わぬところでマルチ商法に騙される可能性が高いと言えるでしょう。

こういうタイプの人は、大切な決断を迫られる時やあらゆるビジネスシーンでも、相手有利に交渉が進んでしまいます。そうならないためには、被暗示性を低く抑えることが大切です。

十三　「三方一両損」に学ぶ問題解決スキル

日本のトップリーダである首相が事あるごとに変わってきた理由の一つは、問題解決能力が欠如しているからです。国民は政権交代を経験して政治家たちの力不足を思い知らされました。政治家に限ったことではなく、デフレと不況からなかなか脱することができない経済状態にある現在、今や経営者や上司といった社会的リーダにも問題解決スキルが求められています。

ところでトラブルや問題解決の名手としてすぐに思い浮かぶのが、テレビドラマなどによく登場する「大岡越前」です。大岡越前のすばらしい問題解決スキルは、落語でも「三方一両損」の噺になっています。この噺は以下のような内容です。

ある日、左官屋さんが三両と印が入った財布を拾いました。財布を落とした人は、財布に入っていた印から、知人の大工さんと判明しました。そこで、早速左官屋さんは大工さんのところへ財布を届けに行きます。

ところが財布を届けてもらった大工さんは、「財布は受け取るよ。ありがとよ。しかし、財布に入っていた三両はもう俺の金じゃあねえ。財布を届けてくれたお礼に三両を持って帰ってくれ！」と啖呵を切って、お金を受け取ろうとはしません。

左官屋さんも、「俺も江戸っ子だ。金なんぞ欲しくてお前さんの財布を届けたんじゃねえ。こんな金、受け取れるか」と言って、全く引く気配がありません。

両者お互い「金はいらねえ」の一点張りで、口論が収まりません。そこで、お奉行の大岡越前に決めてもらおうということになりました。

大岡越前は、二人に或る提案をしました。

「では、この三両をまずは私がもらおう。そしてこの三両に一両足そう」

「次に正直で純粋な心の持ち主のお前たちに、私から二両ずつ褒美をあげよう」

「これで、お前たちも私も本来ならば三両もらえるところ、全員一両ずつ損したことになる」
「三方一両損で一件落着、無事解決じゃ」

なんと明瞭で創造的な問題解決方法でしょう。自分も犠牲になり、また相手の自尊心も傷つけない提案であれば、誰も文句は言いません。このようにリーダとは、「我良し、人良し、社会良し」の三つを同時に実現できる問題解決スキルを持っている人のことを言うのです。

4 共生力

一　自由ということ

最近やたらと何かある度に「権利」を主張する人が増えています。「権利」の基になっている概念は、「自由」です。

人間は、誰もが等しく自由である権利を持っています。しかし「自由」とは、自分勝手に、何でもやりたい放題することではありません。それは「自由」ではなく、「自恣《じし》」と言います。

「自恣」とは違い「自由」の場合は「責任」が伴います。責任を負うからこそ、憲法でも個人の尊厳が基本的人権として保障されるのです。

そもそも基本的な人権とは、憲法や法律に先立って保証されるべき人間存在の根源であるにもかかわらず、それをあえて条文として憲法に明記するのは、責任を負う能力が個々に属することを強調するためなのかもしれません。例えば、言論の自由、信教の自由、生活の自由などは、その行動において個々の責任能力が備わってこそ、はじめて許されるべきものです。

ですから、言論の自由だと主張して、ネット上に匿名で好き放題に誹謗中傷を書き綴ることは「自由」とは言いません。このように衝動的に自分勝手に振舞うことは、心が欲求に支配されている状態ですから、「自由」からはかけ離れているばかりでなく、むしろ欲求に縛られているため、とても「不自由」な状態と言えます。

さて、この頃は「もっと自由に生きよう」といった社会的風潮があります。しかし、意味を履き違えた「自由」が蔓延することは、社会にとってマイナスです。

哲学者のカントは、自分も他人も手段としてだけでなく自他同時に目的として存在することが、民主主義の革新的精神であると主張しました。つまり、人間は社会が成り立つための一社会構成員としての方便・手段的存在であると同時に、それぞれの立場になって考えることができなければならない、ということです。

才能や社会的地位にかかわらず、他人も自分と同様に品位と尊厳を備え持つ一人の人格者なのですから、自他ともに尊敬しあうことが大切です。誰もが好き勝手なことをしているかぎり、お互いを尊重した暮らしやすい社会はいつまでたっても実現しません。責任を伴う「自由」を一人一人が自覚して、他者を尊ぶことによって、はじめてより良い社会が実現するのです。

二　ダルマさんが教えてくれること

先日、ある幼稚園を訪問した時、子どもたちが楽しそうに「ダルマくずし」をして遊んでいました。この「ダルマくずし」ゲームの主人公である「ダルマ」さんとは、禅を中国に紹介した「達磨大師」であることは、皆さんもご存知でしょう。

達磨大師が残した言葉に、「不可得の法に於いて、可得の見を生ぜざるを名づけて不偸盗戒《ふちゅうとうかい》となす」があります。この言葉は、「世の中のすべては個人の所有物ではないと自覚することが、盗みをしないということである」といった意味になります。

考えてみれば、我々はいつも「わたしの……」と形容詞をつけて物事を考える癖があります。自分の財産、自分の子ども、自分の身体……と無意識のうちに思い込んでいます。しかし実は、自然界、人間社会、そして自分の身体や精神さえも自分の思い通りになるものなどは一つもなく、それらは常に変化し続けています。例えば人々が最も好む「地位、名誉、財産、権力」などは、人から人へ動いて永遠に自分の所有物にはなりません。

実はアニメで有名な「一休さん」も、達磨大師と同じようなことを言っています。一休さんは、自分の死に臨んで「拝借申す、四大五蘊《ごうん》、お返し申す今月今日」という言葉を残しました。これは「借りていた自分の身体と精神（こころ）を自然界にお返しします」といった意味で、「諸法無我」そして「四大仮和合《しだいけわごう》」といった世法を端的に示唆した言葉です。

さて、未曾有の大震災が東日本で発生してから、数年が過ぎました。これから本当の意味での奉仕や倫理・道徳観といったことが、我々一人ひとりに問われるようになります。そうした時に、達磨大師や一休さんの言葉は、とても意味深く各自の心に訴えてくるはずです。自分が所有するものはこの世に何ひとつないといった「本来無一物」の精神があれば、困った人々や社会のために執着心を捨てて何でも施すことができるはずです。

そうは言っても、財産などはなかなか容易に手放すことはできません。苦労して富を築きあげた人々のなかには、自分の死後に財産がどのようになるかまで心配して、死ぬに死ねない人もいるようです。しかし達磨大師や一休さんの言葉を思い出せば、少しは富に執着せずいつでも社会や困っている人々に施す心構えができるのではないでしょうか。

誰にでも「やさしい心」が備わっています。やさしい心の根底にあるのは、「施し」の精神です。そして、施しを実践するには、一休さんや達磨大師が述べた「自分に属するものは何もない」といった自覚がなければできません。私たちがダルマさんや一休さんに親しみを持つのは、彼らの生き方に本当のやさしさを感じるからかもしれませんね。

三　友情について

大人になると、なかなか真の友情を育むことができません。それは大人の社会が、常に利害関係を想定して成り立っているからです。利害関係のみで成り立つ友情は、希薄な人間関係となって長続きしません。

では、真の友情とは何を意味するのでしょうか。先哲者たちがどのように「友情」を定義したかいくつか例を見てみましょう。例えば、カントは「友情関係は同等の関係である」、アリストテレスは「相互応酬的な厚意が友情である」、孟子は「長を頼まず、貴を頼まず、兄弟を頼まずして友たり」と述べています。

これらの定義からわかるように、年齢、富貴などのカテゴリでどちらかに優位的意識が芽生えた場合、友情は成り立ちません。友情が成立するには、お互い平等な関係であることが条件となります。そのためには、お互いが「尊敬しあう」ことが必然です。つまり、相互が主従的なつながりとなれば友情はもはや成立しません。

カントによると、友情とは「敬愛」と「尊敬」との内面的合一があってはじめて成り立つものです。尊敬はお互いの距離を保ち、敬愛はお互いを引きあわせます。この「反発」と「牽引」という相反する原理が合一するところに、友情は芽生えます。そこには個々の利益を目論《もくろ》む利害関係はありません。むしろ、純粋な心情に根ざした相互関係のみが存在します。

皆さんには真の友達はいますか。自分が真の友達になるにあたって、カントが述べた「敬愛」と「尊敬」が自分自身に備わっているか、一度ゆっくり考えてみ

てください。そこにきっとこの混沌とした社会で「共生」する意味を見出すことができると思います。

四　人助け

「他人を助けるには財力が必要だ。自分にはお金がないので、人助けなど大それたことはできない」と思っていませんか。お金がなくても、他人に「施す」方法はあります。例えば、問題を抱えている人にやさしい言葉で話しかけたり、なかなか思い通りに事が進まずに苛々している人に和やかに接することは誰にでもすぐできます。

ちょっとした「やさしさ」によって、救われた気持ちになる人はたくさんいます。

しかし時には、良かれと思って行った人助けが、相手にしてみれば恩着せがましい偽善的な行為となってしまう場合があります。それは「人助け」の行為に「してあげる」といった気持ち、優位（上位）な立場から劣位（下位）な立場の者を哀れむ気持ちがあるからです。

「助ける」とは、喜捨の行為でなくてはなりません。何かの見返りを期待したり、お礼や尊敬の念を得たいといった気持が微塵もあってはなりません。例えば、芸能人や有名人が「〇千万円寄付」といったニュースを東日本大震災直後によく耳にしましたが、どこか売名行為的に思えてしまうのは喜捨の心が見えないからです。本当に大切なのは、誰がいくら寄付したということではなく、寄付「させていただく」といった「喜捨」の精神です。

「助ける」という行為が偽善的にならないためには、助けを与える側が助けを受ける人に、そのまま自分自身の姿を見出す「自他一如」の心境になることが求められます。助けることが自然と心からほとばしる行為でなければ、真の助けにはなりません。

もちろん、助けを施される側も「私はこんなにも大変な状況なのに」「そんなものではなく、もっと何か良いものがほしい」といった気持ちがあってはいけません。もしこのように考えてしまえば、「助け」そのものが不浄なものとなってしまいます。

「助ける側」「助けられる側」「助けるという行為」の三つが、それぞれ常に清らかに保たれた三輪清浄《さんりんしょうじょう》こそが、真なる「助け」の条件です。それはあたかも親が子どもを愛する心の在り方のようなものです。親は子どもを無条件で愛しますが、子どもにその見返りを求めることをしません。自分の身を犠牲にしてまで、自分の子どもを守ろうとするのが親です。

このような喜捨の心の持ち主こそが真の人格者と言えるでしょう。

五　施しの心

西洋の国々のクリスマスは、宗教祭事の日として家族で厳《おごそ》かな時間を恭《うやうや》しく過ごします。二十四日のイブは教会に行き祈りをささげ、二十五日は家族と一緒に食事をしながら静かに過ごすのが一般的です。

一方、日本のクリスマスは商業的でとても派手で華やかです。今や日本でのクリスマスは敬虔なクリスチャン以外の一般の人々（特に恋人や子どもたち）にとって、パーティーやプレゼント交換などを楽しむイベント的行事となっています。日本におけるクリスマスの過ごし方は、それはそれですばらしいと思います。宗教的非宗教的を問わず、誰もが楽しめるのは日本のクリスマスの良いところです。

クリスマスといえば「プレゼント」です。そう言えば、何故クリスマスにサンタがプレゼントを持ってきてくれるのでしょうか。サンタクロースの起源は、カトリック司教の聖ニコラウス（四世紀ごろ）が生活難に直面して苦しむ人々に自分のできる限りの「施し」をしたことが、クリスマスプレゼントのはじまりと言われています。

「施し」（プレゼント）とは、お金を寄付したり物をあげたりする「財施」だけではありません。誰でも簡単にできる「施し」はいくつもあります。下記に七つほど例を挙げてみました。

・自我を捨てて、自分のできる範囲で人に尽くす（捨身施）
・他者の悲しみや喜びを自分のものとする（心慮施）
・やさしい顔、ほほえみで接する（和顔施）
・いつくしみの眼で見守る（慈眼施）
・やさしい心、あたたかい言葉で話しかける（愛語施）
・何かを提供して、相手の心にゆとりを与える（房舎施）
・座席をゆずる（床座施）

これらであれば、お金がなくてもできることばかりですし、心がけ次第で誰もがサンタクロースになって、見知らぬ人に何かプレゼントをあげることができますね。

六　人が人である理由

多くの事件や事故の発端は、人間の我欲に起因している場合が多いようです。欲の赴くままに行動するのでは、単なる動物と同じです。むしろ調教されて我慢を覚えている動物のほうが、人間より賢いのかもしれません。

人間が人間たる理由はどこにあるのでしょうか。人間は考える力（思慮分別・思考力・創造力）があります。一方、動物は本能によってのみしか行動することができません。目の前に餌があれば、その餌を食べることしか考えられないのが動物です。しかし、人間は現実に起こっている現象以外に、観念や理念といったことにも頭を働かせることができます。

例えば芸術は、人間だけにしかできない術《すべ》です。現実に存在し得ないものを心に創造し、その創造に意味を持たせて表現することが芸術です。創造の世界は人間のみが経験できる世界です。もし創造することなく生きるのであれば、人間だけが持つ特権を放棄していることになります。ただ、創造の世界は「フィクション」であって現実ではないという意識を失うと、現実離れした世界に陥ってしまいますから、毎日の生活（現実）があってこそ創造が可能であるということも忘れてはいけません。毎日の生活が壊れたところでの創造世界は、空虚で横暴なものとなってしまいます。両方の世界をバランス良く考えることができるのが人間です。

芸術と現実の生活の関係は、人間の身体と精神の関係でも同様のことが言えます。我々の身体は単なる肉体の塊ではなく、精神によって行動を制御できるようになっています。

だからといって精神が肉体より勝っているということではありません。なぜなら精神だけでは何も現実にならないからです。精神によって指示された身体がきちんと動くことで、はじめて精神が創造した内容を実際に創作することができるのです。「人間の在り方」を精神からのみ、もしくは身体からの視点のみで考えることは、偏った見方です。

しかし人間と言えども動物ですから、もちろん動物的要素を持っていることは当たり前であり、快楽を求めるのも自然なことです。よって快楽自体は一概に悪いとは言えません。ただ、行き過ぎた行動を自ら制御する精神が備わっているのは人間だけですから、我欲が適度に抑えられずに快楽のみを過度に求めてしまうと、心が制御不能の状態となって人間は単なる動物と化してしまうでしょう。

たとえば、「お酒を飲みたい」という心理的欲求は、お酒が好きな大人であれば当たり前のことです。しかしお酒好きの度が過ぎると、人生を狂わせてしまいます。ですから自分の我欲を制御できない人は、そもそもお酒を飲むべきではないのです。

このように欲求を抑える精神力こそ、人間が持った特別な能力なのです。ただ欲求を抑える手法が極端になってしまえば、これもまた一概に良いとは限りません。では具体的にどのようにすれば良いかとすぐに安易な答えを探そうとするかもしれませんが、普遍的でハウツー的な答えなどはどこにもありません。自分の許容量を理解して、日々の身心のバランスと体調を見極めながら、いろいろと試行錯誤しながらも臨機応変に無理のない我慢を自分の心に覚えさせることからはじめてみましょう。

七　恕《じょ》の気持ちを忘れずに

孔子は弟子からの「人生で最も大切なことを一言で云えば何ですか」という質問に対して、「恕《じょ》」と答えました。「恕」とは、他人のことを思いやる優しい心のことです。確かに良好な人間関係で成り立つ社会には、「恕」の精神が必要です。「恕」の欠如は、反省行為の欠落を意味します。「反省」は、自己中心的な考え方しかできない自分を客観的に見つめ直し、利己主義な自分をコントロールしてくれます。

「反省」とは人間しかできない行為であり、ここに人間が単なる動物ではない根拠があります。ですから、毎日何の反省もせずに常に自己中心的に生きている人は、人間だけに与えられた特質を放棄しているということになります。

反省行為は、「自分」という殻を破り客観的に自分を見つめることで、他人の立場や身になって考えることでもあります。これが、自他一如的な心の在り方にも繋がり、「恕」の精神が芽生える契機となるのです。

人間であれば、自分が一番可愛いのは当たり前です。ですから自分を愛することは悪いことではありませんし、自分自身を大切にする上でも尊重されるべきことです。しかし、自愛の念が強くなり過ぎると、自己中心的にしか物事を考えられなくなります。「自分さえよければそれで良い」といった考え方に陥ると、他人に対する配慮が欠けるような言動をとり、周りの人々を不愉快にさせてしまいます。そして、自分の思い通りに物事が運ばなくなると、機嫌が悪くなり他人に八つ当たりするようにもなります。こういう時こそ、孔子の「恕」という言葉を思い出して、節度ある態度と思いやりのある行動をとるべきです。

行き過ぎた自己愛は、自分へ過度な愛情を注ぐことにもつながります。自分を大切にし過ぎると、周りへの「恕」の気持ちを忘れ、自分の価値観で思いのまま振舞ってしまいます。

例えば、自分が他者と意見の相違があったときなどに、いかに自分の主張が正しいか自分の価値観を相手に押しつけたことはありませんか。また、自分の思い通りに事が運ばないとき、自分以外に責任転嫁して他者を否定するようなことを言ったことはありませんか。

自分への愛情が強ければ強いほど、自分と反対の立場である他者に対して苛立ちも大きくなる傾向にあります。その結果、無自覚のうちに他者を傷つける言葉を述べてしまいます。徹底的に他者を追い詰めて逃げ場をなくすような手法は、決して未来への解決策にはなりませんし、「恕」の精神はそこにはありません。自分にだけでなく他者に対しても「恕」の精神を持って接しているか、一度自己点検してみてはどうでしょうか。共生社会は、一人ひとりが恕の気持ちを持つことからはじまるのです。

八　リーダシップとは

今、日本は「リーダ不在」と言われています。これは政界に限ったことではなく、会社や組織でも同じです。「名ばかり」リーダが多く、リーダシップを発揮できていないのが現状です。

リーダシップとは何を意味するのでしょうか。社会心理学者の三隅二不二《みすみじふじ》によると、リーダシップには「P型」と「M型」の二通りがあるそうです。「P」とは「Performance」のことで、目標を達成するために計画に従って具体的な指示を淡々と出すのが特徴です。「M」は「Maintenance」を意味し、集団組織の機能を壊さないように組織に属する人たちに理解を示すことを重視します。友好的関係を維持しながら、組織の結束力を高めようとするのがM型リーダシップです。

「M型」リーダシップを実践する時は、肯定的な言葉が必要不可欠です。「M型」リーダの責務の一つが、組織全体のモチベーションを上げることです。「やる気」

を出させるには、期待を寄せるような肯定的な言葉でコミュニケーションをとる必要があります。肯定的な言葉によるコミュニケーションは、部下の自信と実力が上がって良い結果を出すことも実証されています。これは「ピグマリオン効果」や「自己成就予言」として知られています。

リーダシップ論を語る時、例えば「P型」と「M型」のどちらが優れているかを論じるのはナンセンスです。むしろ時と場合によって「P」と「M」をうまく組み合

わせたリーダシップを発揮することが重要です。最も理想なのはＰとＭの両方を有しているリーダシップです。

大きな仕事や問題を抱えている場合は、Ｍ型よりＰ型リーダシップの方が必要になります。また、ある程度、物事が順調なときは、むしろＰ型よりＭ型リーダシップのほうが効果的でしょう。

一方これらのリーダシップとは対照的に、Ｕ型（Unfair）リーダシップの持ち主もなかにはいるようです。Ｕ型とは、権力のある人が権力のない人を不当に低く評価することによって、自分への評価をさらに高めるようとする、謂わば「権威を悪用するリーダ」「周りのモチベーションを下げ、常に責任逃れしか考えないリーダ」のことです。

皆さんの周りにこのようなリーダはいませんか。もしくは自分がこのようなリーダではありませんか。Ｕ型のリーダだけにはなりたくないものです。

九　自己本位は損をする

誰もが自分自身のことを第一に考えます。これは当然のことであり、別に悪いことではありません。しかし、自分の「得」を最大化しようとする行為は、時として「損」につながってしまうこともあります。なぜなら、「コモンズ（共有地）の悲劇」という法則が働くからです。

自分の利益だけを最優先することによって得られる恩恵は短期的には大きいですが、時間の経過とともに他者も同じように考えて行動するようになります。そうなると段々と全体の利益がより多くの人々に食いつぶされ、最後にはマイナスとなって自分に戻ってくるのが「コモンズ（共有地）の悲劇」の特徴です。

その一例が「ゴミのポイ捨て」です。公共の場にゴミをポイ捨てする人は、「自分ぐらいいいや、他の人もやってるし……」と安易に考えます。同じように他の人達もゴミを捨てはじめると、そこら中がゴミだらけになってしまいます。その結果、ゴミの異臭が漂い、街の環境も悪くなって犯罪も増えます。最後にはゴミをポイ捨てした人たち自身が環境の悪化による不利益を被ることになります。

このように自分本位の行動が最終的に不利益となって返ってくるという事実は、「ゲーム理論」によっても証明できます。ゲーム理論は、複数の人々が一定のルールと条件のなかで自分の利益を最大化しようとする時に、どのような行動をとれば良いかといったことを教えてくれます。

このツールはビジネス界でよく使われ、「囚人のジレンマ」としても有名です。相手の出方を考えながらどこで妥協するべきか、自分が被る不利益を最小限に抑えるためのベストな選択は何かという判断基準となるのが「ゲーム理論」です。

例えばAさんがBさんと食事に行ったとき、割り勘負けしないように高価な料理をオーダしたとします。Bさんも同じように考え高価な料理を注文すると、割り勘といえども結局二人ともたくさんお金を払うようになります。だからといってAさんだけが遠慮すれば、Aさんは割り勘負けします。

ではどういうパターンが一番損をしないのかというと、一七四頁のマトリックスにあるように、最終的にはAさんもBさんもお互いのことを思いやって安い料理を注文すると、二人とも割り勘勝ちするようになります。両者がお互いのことを思いやって自我を抑えることが、二人が最も得をする結果となるのです。

このように他者を思いやる行動が最終的に自分の幸せに直結することは、論理的にも証明されています。

<table>
<tr><th></th><th>Aさん</th><th>Bさん</th><th>結果</th></tr>
<tr><td rowspan="8">高い料理を
注文</td><td>○</td><td>×</td><td>Aさん：満足、Bさん：不満足
（Aさん：割り勘勝ち）</td></tr>
<tr><td colspan="3">↓
（Aさんが高い料理を注文するのを見て、Bさんも高い料理を注文）</td></tr>
<tr><td>○</td><td>○</td><td>両者：不満足
（両者：割り勘負け）</td></tr>
<tr><td colspan="3">（支払金額が両者とも高くなる）</td></tr>
<tr><td>×</td><td>○</td><td>Aさん：不満足、Bさん：満足
（Aさん：割り勘負け）</td></tr>
<tr><td colspan="3">↓
（Aさんが安い料理を注文するのを見て、Bさんも安い料理を注文）</td></tr>
<tr><td>×</td><td>×</td><td>両者：満足
（両者：割り勘勝ち）</td></tr>
<tr><td colspan="3">（両者とも、支払金額が安くなる）</td></tr>
</table>

あとがき

今はとても厳しい時代です。これは毎年約三万人近くの自殺者が絶えないという事実からも明らかです。過去数年の間、自殺者数が一向に減少しないのは、社会全体が物質的に豊かになっても、人々の〈こころ〉が荒《すさ》み、必ずしも幸せではないということを意味しています。今の時代、誰に対しても平穏無事な〈こころ〉の教育が急務であることは言うまでもありません。

しかし〈こころ〉の教育で起こり得る典型的なミスは、〈もの〉を徹底的に否定することです。「〈もの〉が豊かになり、〈こころ〉が駄目になった」という批判は簡単にできます。（私は唯物論者ではありませんが）〈もの〉をどんなに否定しても人間の生活は〈もの〉なくしては成り立ちません。ですから〈もの〉を否定するということは、現実を無視した非現実的な考えです。

〈お金〉についても同様です。「〈お金〉が必要以上にあると〈こころ〉が乏しくなる」といった単純な主張は、決して正しいとは限りません。「君子財を愛し 之を取るに道あり」といった言葉もあるように、〈お金〉に問題があるのではなく、〈お金〉をどのように使うかという〈こころ〉が問題なのです。

むしろ、〈お金〉や〈もの〉に簡単に溺れてしまう弱さを持つ〈こころ〉とは何かといったところまでしっかりと考えることが大切です。例えば、牛乳瓶には二〇〇CCの牛乳しか注げません。どんなに無理をしてもそれ以上注ぐと溢れてしまいます。しかし〈こころ〉は違います。人間は感受性が豊かになればなるほど、ものごとを受け止める〈こころ〉の許容量は増します。

逆に〈こころ〉が乏しくなると、その器はどんどん小さくなります。つまり〈もの〉は一定の水準にしか対応できないのに対して、〈こころ〉の許容量は無限です。

ですから、自分の能力や理解力の限度を勝手に決めつけずに〈こころ〉を鍛えることは、将来の可能性を広げることにつながります。努力家や勤勉家が日々ますます前向きでポジティブな思考のもとで活き活きと生活するようになる一方で、怠惰な人たちはますます無力になって堕落していくのは、こうした〈こころ〉の法則があるからです。

〈もの〉や〈お金〉は分ければ自分の取り分は減っていきますが、〈こころ〉の豊かさ、愛情、思いやりなどは、どんなに分けても減ることはありません。それどころか、やさしい〈こころ〉で他者と接すれば〈こころ〉はますます豊かになり、強い絆で結ばれる人間関係を作り上げます。今の厳しい時代にこそ誰にでも惜しみなく幸せを分け与えることのできる慈しみの〈こころ〉は必要です。

慈しみの〈こころ〉を得るためには、〈こころ〉は常に清浄に保たれていなければなりません。〈こころ〉が清らかになれば行動までもが清廉になります。そして〈こころ〉が調えば、他者に対して謙虚な気持が生まれます。謙虚な〈こころ〉は、自ら至らぬところを省み、他者の短所には寛容になれる人間性を育みます。このように〈こころ〉が豊かになれば、自分のみならず他者にも良い相乗効果が広がります。

さて、本書ではこのような〈こころ〉の在り方を念頭において、どのような厳しい時代であっても強く生きることができる自己のあるべき姿を思いのまま綴った次第です。本書が少しでも、この厳しい時代を生き抜くための強い〈こころ〉を養うヒントになれば幸いです。

最後に、今回出版の機会を頂いた東宣出版の田邊紀美恵代表取締役および編集作業を担当してくださった小坂恵美子様に、この機を借りてお礼申し上げます。また私の文章力のなささを心和むイラストでサポートしてくれた妻に、心より感謝の意を表したいと思います。

平成二十五年弥生　　横浜金沢文庫にて　　岩井　貴生

[著者略歴]

岩井貴生（いわい　よしなり）

ボストン大学大学院都市政策研究科修士課程修了、
花園大学大学院博士後期課程（仏教学専攻）修了。
現在　学校法人八洲学園理事、八洲学園大学教授、
八洲学園大学国際高等学校長、駒澤大学仏
教経済研究所研究所員を務める。臨済宗妙
心寺派僧侶でもある。

[イラスト]

岩井千佳（いわい　ちか）

どんな時代《じだい》でも生《い》き抜《ぬ》く自己《じこ》確立《かくりつ》の方法《ほうほう》

2013年8月8日　初版第1刷発行

著者……………………………岩井貴生
発行者…………………………田邊紀美恵
発行所…………………………東宣出版
〒102-0073　東京都千代田区九段北1-7-8
TEL 03-3263-0997　FAX 03-3263-4892
DTP……………………………株式会社 富士デザイン
印刷・製本……………………亜細亜印刷株式会社

ISBN978-4-88588-081-0 C0037